通识教育系列丛书

信息与人生

潘修强　主编

電子工業出版社
Publishing House of Electronics Industry
北京 · BEIJING

图书在版编目（CIP）数据

信息与人生 / 潘修强主编. — 北京：电子工业出版社，2017. 6
ISBN 978-7-121-31933-4
Ⅰ. ①信… Ⅱ. ①潘… Ⅲ. ①信息技术 – 高等学校 – 教材 Ⅳ. ①G202
中国版本图书馆CIP数据核字（2017）第139349号

策划编辑：贺志洪
责任编辑：贺志洪
特约编辑：杨　丽　徐　堃
印　　刷：三河市鑫金马印装有限公司
装　　订：三河市鑫金马印装有限公司
出版发行：电子工业出版社
北京市海淀区万寿路173信箱　邮编100036
开　　本：720×1000　1/16　印张：13　字数：332.8千字
版　　次：2017年6月第1版
印　　次：2017年6月第1次印刷
定　　价：31.00元

凡所购买电子工业出版社图书有缺损问题，请向购买书店调换。若书店售缺，请与本社发行部联系，联系及邮购电话：（010）88254888，88258888。
质量投诉请发邮件至 zlts@phei.com.cn，盗版侵权举报请发邮件至 dbqq@phei.com.cn。
本书咨询联系方式：（010）88254609 或 hzh@phei.com.cn。

总 序

贺星岳

经过不懈努力和精心准备，浙江工贸职业技术学院的第一批通识教育系列教材终于出版了。我们认为，这是一件值得高兴的事情。

“通识教育”不是一个新词，而是一个舶来品。早在1829年，美国博德学院的帕卡德教授就提出了“通识教育”的说法。1945年，哈佛大学发表《民主社会中的通识教育》，通称《哈佛通识教育红皮书》，通识教育改革在美国大学渐成风潮，并在20世纪80年代之后影响到我国内地。复旦大学、中山大学、浙江大学等内地知名高校结合中国实际和本校特色，在通识教育改革的道路上都进行了不尽相同的有益探索。

对于高校来说，通识教育要求大学生拥有宽阔的视野，了解并掌握与个人发展和社会需求密切相关的知识，这些知识与其专业和将来从事的职业看上去没有直接的联系，但却在其综合素质甚至人格、态度、价值观等方面的全面发展中起着至关重要的作用。高职教育以技术性、应用型人才的培养为使命，兼有高等教育和职业教育的双重属性。其培养的人才应兼具基于国民素质准则下与专科学生层次相匹配的公民素质以及基于职业准则下与高等技能人才相匹配的职业素质。我们认为，高职院校并不是许多功利性人士所认为的“职业技能培训中心”，通识教育应在高职教育中占有重要的一席之地。

在高等教育体系中，将通识教育与专业技能教育相结合，进行研究实践，我国绝大多数高职院校的相关改革才刚起步。近年来，浙江工贸职业技术学院占有先机，进行了许多卓有成效的探索。首先，我们成立了高职通识教育研究院，以学院资深教授领衔，引进人才，内部挖潜，统筹规划本校的通识教育研究与教学实践。其次，我们进行了多层次的通识教育改革研究。学院多次召开通识教育改革的相关研讨会，鼓励教师进行通识教育实验课程研究，将获得立项的通识教育实验课程开发项目纳入校级课题。同时，我院在省、市一级的通识教育研究中也屡有建树。此外，在研究的基础上，学院还积极进行丰富的融通通识教育与职业技能教育的教学实践。我们在通识教育课程体系之下建设了“人与人文”“科学与生活”及“专业与素养”三大系列课程，力争全面提升高职学生的人文素养、自然科学常识和职业素养。

可以说，这批通识教育系列教材就是浙江工贸职业技术学院一系列相关研究和教学实践的阶段性成果。对于教材，我们的主要设想有两点。一方面，这些通识教材都必须经过全新的规划和设计，要适应于全面提升高职学生素养的需要。它们既不是原有专业课的“简化版”，也不应是对读者学识起点要求很低的《十万个为什么》之类的常识推介，更绝对不允许出现东拼西凑的水平低下之作。另一方面，为了增加学生的兴趣，高职通识教育教材还应在通俗性、趣味性上下功夫，不是一味地说教，而是“润物细无声”，在和谐的氛围中实现通识教育改革的初衷。正如我院通识教育研究院院长邱开金教授说的：“高等教育与高技能人才的定性，高职通识教育的定位绝不是唯一传授知识，也不是简单的说教一种方法，它所关注和告诫的是哲理，触发的是觉悟，留下的是切身受用的。”当然，对于具有一定文化基础的读者来说，选择我们的通识教育教材在茶余饭后阅读，进而提升自己某一方面或几方面的素养，应该也是一个不错的选择。

通识教育改革在内地的高职院校起步不久。我们对于通识课程教改的信心坚定，也深知探索过程中的曲折。对于这批教材，虽已殚精竭虑，但难免存在不周全之处，其中存在的疏失甚至错误，恳请专家学者、普通读者批评指正，以便再版时改进。

目 录

第1章

信息技术与历史

作为先进生产力的代表，信息技术改变了我们的世界，不仅对社会文化和精神文明产生着深刻的影响，而且有力地促进了经济结构的调整与经济效率的提高。从信息技术的发展看，其经历了5次革命：第一次信息技术革命是语言的使用，发生在距今50000～35000年前；第二次信息技术革命是文字的创造，大约在公元前3500年出现了文字；第三次信息技术的革命是印刷的发明，大约在公元1040年，我国开始使用活字印刷技术；19世纪中叶，电报、电话、广播和电视的发明和普及应用成就了第四次信息技术革命；而第五次信息技术革命始于20世纪60年代，其标志是电子计算机的普及应用及计算机与现代通信技术的有机结合。

1.1 语言促进人类文明的诞生

类人猿是类似于人类的猿类，经过千百万年的劳动过程，演变、进化、发展成为现代人，与此同时语言也随着劳动而产生。语言从不完善到完善大致经历了以下4个进化阶段。

1.1.1 前语言阶段——腊玛古猿时期

动物语言是前人类语言，该语言的特点是：主要利用不同的呼喊声、呼啸声等来传递信息，它包括体态语和手语等，如蜜蜂的语言就属于其中的一种。希腊哲学家亚里士多德曾研究过蜜蜂的语言。假如一只蜜蜂发现了花蜜，其他的蜜蜂很快就离开了蜂窝，直接赶到了这一新蜜源。亚里士多德推测，最初的那只蜜蜂必定回到了蜂窝，再带领其他的蜜蜂到这新蜜源。但他错了，早在1901年，德国的研究人员曾“尾随”蜜蜂到了蜂窝，在其返回蜜源途中截住了它，但其他蜜蜂还是笔直地飞到了蜜源。后来的蜜蜂为何知道这条路线呢？奥地利生物学家弗里希进行了一系列的实验，并为此与他人同获诺贝尔奖。实验表明，第一个发现了蜜源的蜜蜂回到蜂窝后与其他蜜蜂的交际方法是“舞蹈”。蜜蜂跳舞的朝向和时间长短分别表示蜜源的方向和离家的距离。蜜蜂的语言虽然没具备人类语言的所有因素，但是其体语的确精彩，其歌舞的灵活性、复杂性和表现力度都与人类的体语相等，不难断定蜜蜂的确拥有为交际服务的工具——语言。

其实，纵观动物的演化过程：单细胞动物→多细胞动物→脊索动物→脊椎动物→鱼类→两栖类→爬行类→鸟类→哺乳类→猿人→古人→新人→今人。这些动物只要具有符合前文中广义的语言定义的交流方式，我们都可以认为它们是有动物语言的。如20世纪末风行一时的电影《马语者》告诉我们：不仅人类有语言，马这样的动物也有语言，而通过一定的方式，马和人也可以跨“类”交流。

通过观察类人猿如猩猩，发现大多数情形中的交流，是通过呼喊、叫啸来传递信息的。猿类动物呈半直立状态，必要时甚至可以完全直立，因而它的发音器官（的位置）高于其他动物，猿类动物已经拥有情感语言与体感语言的初级形式，人的语言正是在动物的发声器官和动物语言基础上持续进化的结果。考古发现，距今约1400万年前的腊玛古猿，其脑容量是300ml。有人把猿人时期称之为“呸呸论”的前人类初始语言，与动物的“叽叽喳喳”声、“汪汪”声、“哞哞”声相提并论。这就表明，前人类初始语言与其他动物的语言是有着极其相似的亲缘关系的，甚至可以认为：“前人类初始语言”与其他“动物语言”是一脉相承的，前者是后者发展的必然结果。如果从人类进化史的角度看，前语言阶段应该一直延续到腊玛古猿时期。因为这时的考古发现，古猿的脑容量与现代猿类差不多，都在300ml左右。

1.1.2 动作语言阶段——南方古猿时期

动作语言，又称手势语言。原始人类脱离动物界之后，除了大脑的容量继续慢慢变大、发音器官（如喉部）也在进化外，第一个解放出来的上肢——手，应该在这一时期充当了表达思想与情感的工具。动作语言，是以手作为主要的皮质外语言器官，配合脚、头和其他身体部位的运动姿势，同时借助于人的视觉印象进行人际间的思想交流与信息传递。动作语言拥有独特的语词、语法、表现方法，实际上成为无声的、有形的符号系统。一方面，某个特定的姿势往往并非表达一个孤立的词，而是表达一个或长或短的语句，连续的几个姿势合并成一个完整的思想。譬如，关于某种狩猎武器的手势，既表现这种具体的实物，又可根据前后几个手势表示用这种武器狩猎何种动物，或怎样制作与使用这种武器等信息。

据有关学者研究，现代的类人猿如黑猩猩，也存在“手脚并用”式的语言形式。经过训练后，黑猩猩能掌握 68 种“手语”。这就表明：“动作语言”的确在从“猿人”到古人，乃至新人时期，都一直起着非常重要的作用，其存在的时间相当之漫长。从骨刻文、甲骨文中都能看到一些手势在文字中的痕迹。一般认为，思维、语言、劳动与身体的进化这四者是密不可分的。

如果从人类进化史的角度看，动作语言阶段应该在南方古猿时期就有了。因为考古发现，南方古猿大脑的容量，比腊玛古猿几乎增长了一倍，最高的甚至达到 700ml。是什么造成了南方古猿的脑容量飞速增长的呢？科学家论证后的答案是“语言”。尽管这时的语言还可能是“手嘴并用”，但它的确促进了大脑的发育，大脑不断发育的结果是脑容量在不断增加，这在南方古猿的头颅化石中有着鲜明的反映。

1.1.3　意象语言阶段——“北京人”时期

意象语言，又称物象语言。它是在动作语言阶段上发展起来的，属于有声语言的早期形态。它初步呈现意象语言的若干特征，只不过两者使用的语言器官不同。首先，意象语言的基本成分是单一而固定的单音语，单音语类似动作语言的单一手势，形式上是一个词，其实代表一个语句，孤立的词表达对某一问题情境浑然而模糊的判断。人类学家波威尔发现北美印第安人语言中没有专门用来表达人体器官与部位的词汇，而总是说我的手，你的眼睛，他的足等；塔斯罗尼亚人能够轻易地以上百种名称称谓各种树木，却没有树的一般名词。这些情形应该是真实存在的。儿童语言与人类的原始语言有一定的相通之处。如，绝大部分小孩称自己的母亲为“妈妈”而不是成人才用的“母亲”一词，无论汉语（妈妈）还是英语 mum，其发音都十分相近。以儿童的汉语发音为例，从两三岁时方言发音的“姆妈”到上幼儿园时的“妈妈”，再到书面语“母亲”一词，也可以显示出词语从具体、单一的指称，走向抽象概念的过程，“姆妈”绝对是指称自己的母亲，而“妈妈”一般称自己的母亲，但也可以指称别人的母亲，不过前面要加定语——“童童的妈妈”、“王妈妈”等，而随着小孩的学习和认知的进步，一般小学三四年级就能理解概括性较强的“母亲”一词了。这表明，该阶段的“人类”语言还有浓重的发育未完的标记，宛如正在母体中发育的胎儿。

如果从人类进化史的角度看，意向语言阶段在“北京人”时期就可能产生了。考古发现，“北京人”大脑的容量，比南方古猿有了较大的增长，达到1075ml。是什么造成了“北京人”脑容量的继续增长呢？科学家的答案依然是语言。原始人类改造自然的过程中必须要进行思维，而思维促进了族群间口头语言的交流，语言交流反过来也促进了脑容量的增长。

1.1.4 概念语言阶段

概念语言，又称为分音节语言。它标志人类语言发展的成熟阶段，也是有声语言的最高阶段，是真正意义上的人类语言。在此时，人的发音器官基本完善，能够发出各种抑扬顿挫的音段与音素。概念语言的基本元素是词，由词组合成各种叙述句、疑问句、祈使句等。每个词指称一类具体事物，词与事物之间摆脱了以往那种混淆不分，或即分即合的关系。抽象性是概念语言的最显著特征，这也正是来自意象语言的具体性与丰富性的发展，词不再仅仅指示个别的感性存在物，专有名词与个别概念逐渐演变为普遍名词与类概念。例如，在澳大利亚的许多原始部落中，不仅拥有鱼、蛇、鸟、树等大量具体名称，而且出现指称这些对象的一般术语。同时，原始的语法与句法结构开始分化。这个阶段的语言已相当接近于系统的人类语言了。这时，人类进入了旧石器时代的晚期。

如果从人类进化史的角度看，山顶洞人的脑容量达1300~1500ml，几乎与现代人类相差无几，前额增高、头骨变薄，平均年龄约30岁，其制造和使用的工具从石器向角骨器发展，且有装饰品出现了。这时人类的语言体系已基本形成，也可称为概念语言阶段，分音节的语言占有优势，可按一定语法结构进行交流。

思维和语言存在密不可分的联系，语言是思维赖以生存的工具，是思维的物质外壳。由此，思维的萌芽促进了语言的发展，语言的发展又促进了猿人脑容量的发展，脑容量的增大反过来又促进了猿人思维的发展。由此产生的良性循环，使得人类在走向文明的道路上步步前行。

1.2　文字让信息打破时间、空间的限制

人类语言产生了很久之后，来源于实物记事的文字才渐渐萌芽。远古的文字符号，除中国大汶口文化陶盆上的文字符号（见图 1-1）外，还有：①苏美尔的马鲁克古城遗址中楔形图形符号（见图 1-2）；②美洲玛雅石刻图腾符号（见图 1-3）；③古里特岛的腓斯特斯的泥盘图画符号（见图 1-4）；④古埃及神秘的象形文字（见图 1-5）。这些符号都是距今 8000 年至 5000 年的产物，都是地球上史前先民在改造世界、改造自己的同时，不断创造的图腾文字符号，同样也经过图画、楔形、象形等发展阶段，都是以表意象形为手段的，而又在大致相同时期演变成表音的字母化拼音文字符号。

图 1-1　大汶口文字符号

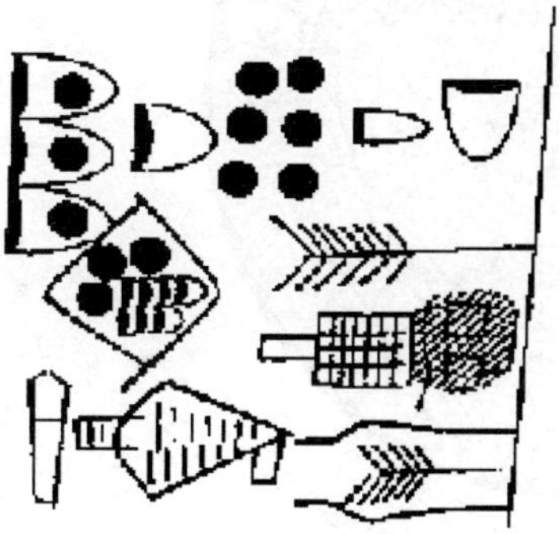

图 1-2　楔形图形符号

图 1-3 图腾符号

图 1-4 泥盘图画符号

图 1-5 象形文字

而对于汉字，6000 多年来发生了许多变化，从甲骨文（见图 1-6）、金文（见图 1-7）到大篆（见图 1-8）、小篆（见图 1-9）、隶书（见图 1-10）、楷书（见图 1-11）、草书（见图 1-12），再到行书（见图 1-13）。汉字的演变过程，可以简略归纳为 5 个阶段：声、形、象、数、理。

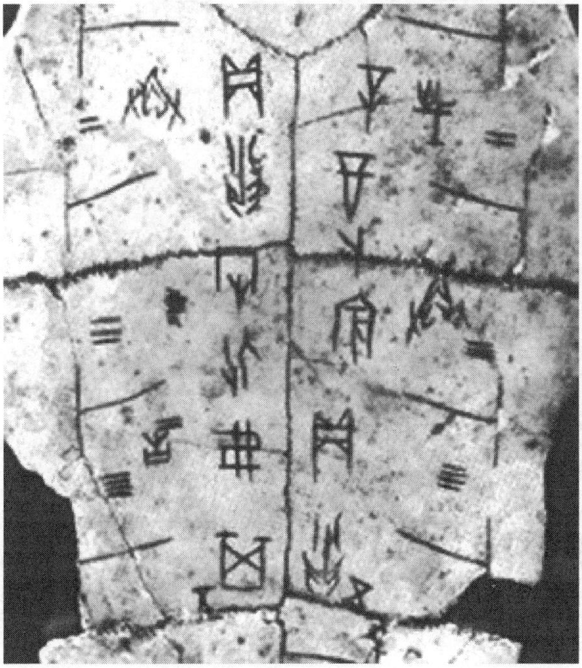

图 1-6　甲骨文

图 1-7　金文

图 1-8　大篆

图 1-9　小篆

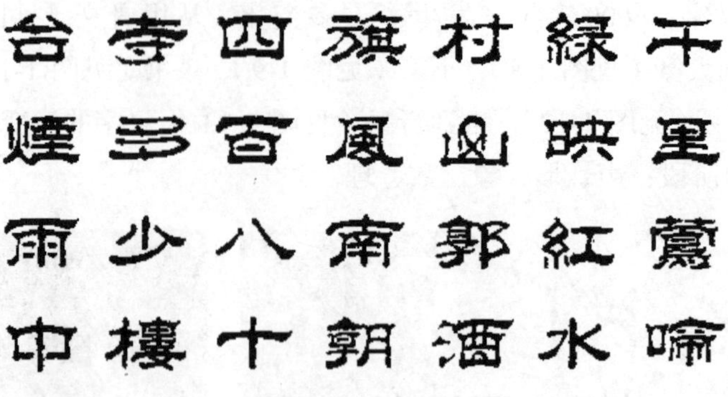

图 1-10　隶书

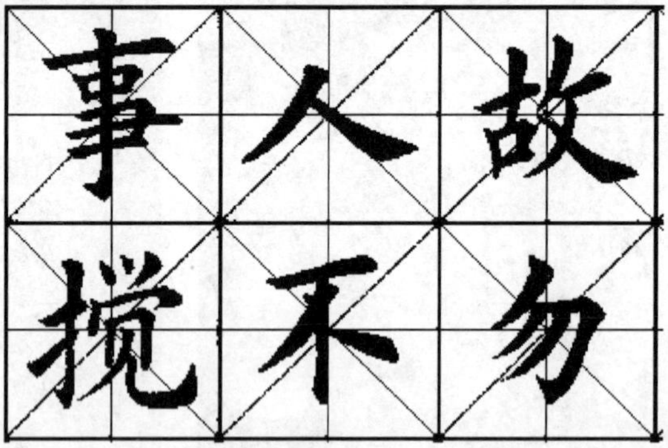

图 1-11　楷书

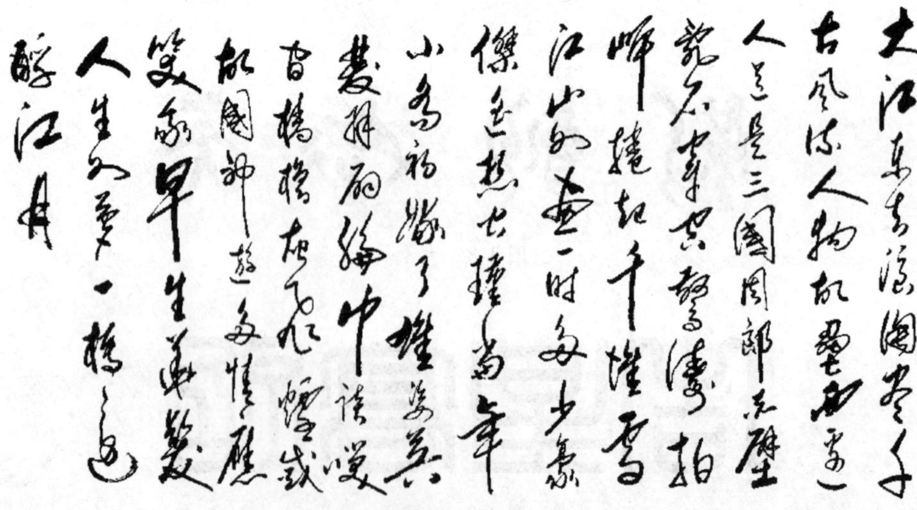

图 1-12　草书

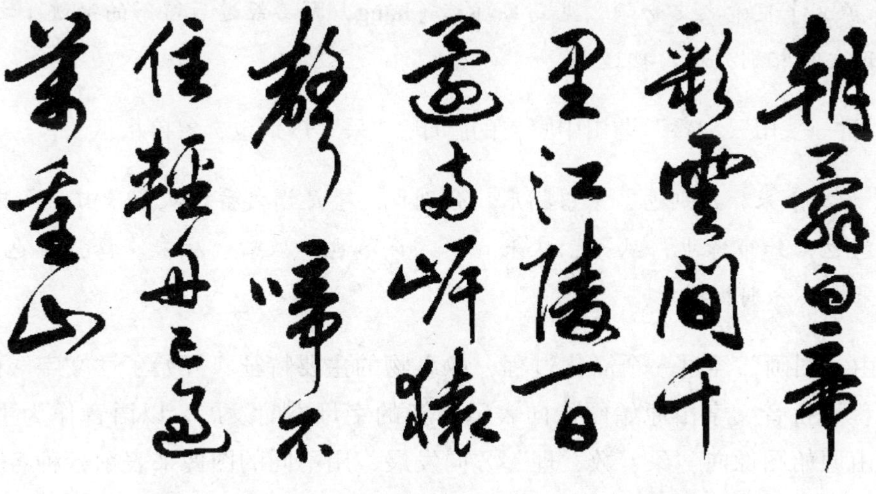

图 1-13　行书

（1）“声”是任何一种语言的必要组成部分。在遥远漫长的太古时代，人类从本能的“哭声、笑声……”或模仿大自然的“鸟鸣、虫叫、兽吼、风声、雷声、雨声……”中逐渐分化出具有一定意义、代表一定事物的“声音”，这就是语音的进化。例如：“ma、ba”用于代表“妈、爸”可能是从哭声“啊……”中分化出来的。语音进化到现代，已是一个十分复杂的系统，汉语中大约有 $4 \times 400=1600$ 种声音。语音的分化必定有其自身一定的规律，从现代语言中可以分辨出一些线索。

例如：鹅、鸡、鸭、猫等家禽和家畜可能是依据其叫声而定其名的，如“嘎、喵、咯”。

“哈、喔、嘘、哎唷……”等声音是直接表示人类在不同情绪下的自然发声。

（2）“形”是语言的第二个重要组成部分，但不是必要的。在远古时代人类主要面临的是生存和种族延续问题。在与大自然和猛兽毒蛇等的斗争过程中，有时需要用“形”或“画”来表示事物。例如：远出狩猎，为了不至于迷失道路，可能在岩石上或树干上做一些标记。人类在狩猎时，也注意观察野兽的足迹，以辨别出野兽的特性。另外，人类也可能出于对神秘大自然的崇拜或对美的事物的追求，在岩洞壁上，画上“日、月、人、山、木、中、动物、祖先……”等图像。

《说文解字》说，“黄帝的史官仓颉看见鸟兽的脚印，明白可以用形来区分事理，开始创造文字。”故有“仓颉造字”的典故。

【原文】皇帝之史仓颉，见鸟兽蹄迒（háng，野兽经过后留下的痕迹）之迹，知分理之可相别异也，初造书。

“番→釆田”，“番”谓田中野兽的脚印。“釆”辨别也，象兽指爪。

【原文】釆，辨别也，象兽指爪，分别也。兽足谓之番，从釆、田，象其掌。审，悉也，知审谛也，从宀、从釆。悉，详尽也，从心、从釆。释，解也，从釆。釆取其分别物也。

由“图画”经过一个简化过程，取事物的主要特征，开始了“文字”的进化过程。拼音文字由原始图像向表示声音的字母方向发展，以语音作为主体。汉字由原始图像向“象、数、理”方向发展，用不同的图像来表示各种各样的意思。

（3）“象”是创造汉字和《易》说理预事的主要方法。“日、月”等属于象形文字，是造字的基本部件。这些基本部件相互组合，产生各种各样的“象”，创造出更多的字。基本部件和字还可以进行更高层次的组合，产生用于表示各种事物、各种意念的诸多文字。

【原文】仓颉之初作书，盖依类象形，故谓之文。其后，形声相益即谓之字。

如：“明→日月”、“易→日勿→日月”，“旦→日一”（下边的“一”表示“地”，与“☰”卦三阳爻象“天、人、地”相通），“显→日业”（“业”，表示地上有茂密的树木，“日”已上树梢，太明“显”了）。

这些字还可以组成更多的字。如：“盟→明皿”、“踢→𧾷易”、“湿→氵显”、“但→亻旦”……

造字和易理在这里完全相通，即所谓的“取象生理”的模糊思维和“阴阳互动”的二分原理。

（4）“数”概念是人类长期进化过程中逐渐形成的。人类首先掌握的概念可能是“无”和“有”。没水喝会渴，没东西吃就会饿。“有→𠂇月”字中“𠂇”表示手，“月”表示肉。“有”字原意“手下有肉”，有肉吃就不会挨饿。“有”进一步分化形成“一、二、三、多”等数的概念。

“数”向易符方向演变，逐渐从文字中分离，形成八卦，并在历史上的夏、商、周时期形成《易经》（《连山》、《归藏》、《周易》）。例如：奇数（一、三、五、

七、九）和偶数（二、四、六、八、十）是两组不同性质的数。若奇数属阳，偶数则属阴。在《河图》和《洛书》中分别以“黑、白”或“实心、空心”表示。《易》中用“阳爻”、“阴爻”表示。数字“一、二、三”中若按《易》之思维，将“一”视为“阳爻”，“二”即为“阴爻”，“三”即为“☰”。按阳爻重叠之原理，将阴爻也重叠，即为“、、☷”。若再将“、”符号组合，即产生所有的易符。

研究“数”的加减乘除为算术。研究“数”的“象”，并且以“象”说“理”，这是演绎《易经》了。汉字中，字根重叠现象比比皆是，这是“数理”在造字中的具体表现。例如：

唱→口昌→ckv（“唱”，从口、昌声）

哭→吅犬→kv（“哭”，从吅、狱省声）

噪→口喿→口品木→zkv/zkvm（“喿→品木”，表示树上有许多小鸟在叽叽喳喳地叫，“品”三口，评头品足）

嚣→页→xvy（“嚣”，从、从页。页，首也）

土→十一→ti（《说文解字》中，土→二丨，从二,二为阴数，象地。模糊元码中按直观分为“十一”，与“土→十一”相同）

【原文】二，地之数也，从偶。土，地之吐生物者也，二象地之下、地之中，物出形也。士，事也。数始于一，终于十，从一、从十。孔子曰：推十合一为士。

坏→土不→ht（坏，一说瓦未烧，毁也）

【原文】坏，丘再成者也。一曰：瓦未烧，从土、不声。

圭（guī）→土土→gtt（圭，瑞玉也，上圆下方）

【原文】圭，瑞玉也，上圆下方。公执桓圭，九寸；侯执信圭，伯执躬圭，皆七寸；子执谷璧，男执蒲璧，皆五寸。以封诸侯，从重土。

垚（yáo）→土圭→ytv/ttt（元码字典）（垚，土高也。如：尧→垚兀，高也，从垚在兀上，高远也）

【原文】垚，高也，从三土。尧，高也，从垚、在兀上，高远也。

类似的例子还很多。又如：石→磊，金→鑫，木→林→森，水→淼，火→炎→焱，又→双，人→从→众，乂→爻……。通常，字根相重表示“多”，三重表示“众”。

（5）“理”是“象、数”的扩展。汉字外延的演变主要是通过“理”来扩大的，即相“象”的事物，“理”也相通。例如：“明”本意是明亮，延伸出“眼睛看得清楚、心里明白、事情变得明显……”，等等。

上述汉字演变的5个阶段“音、形、象、数、理”，本质上也是创造汉字的5种基本方法。兹举一例说明：

“猫→犭苗→犭艹田”字，“犭、屮、田”都属于象形，猫叫声“miǎo”，所以，“猫”声定为“māo”，造字时声部用“苗”字表示。“苗→艹田”，音通“渺”，意为“田中渺小之草”。猫可能是在神农氏农业耕种时期，才被人驯养用于对付损害农作物和粮食的老鼠的。定十二生肖可能要早于这个时期，这也许是猫没被收录的原因。汉字造字时，若两个重叠表示多。“艹→屮屮”表示草多，这是汉字造字中“数”的概念。“苗”本意小苗，“苗”字也延伸为“可培育的人才”，盖小孩、小苗相象，理则相通。这样，“苗”字外延就扩大了，这是“理”的例子。从“猫”字的解剖中，可以看到“声、形、象、数、理”5种基本造字方法，并能看到汉字演变的历史沿革。

1.3 印刷为信息的广泛传播创造条件

印刷是中国古代四大发明之一。它开始于隋朝的雕版印刷，经宋仁宗时代的毕昇（见图1-14）发展、完善，产生了活字印刷，并由蒙古人传至欧洲，所以后人称毕昇为印刷术的始祖。中国的印刷术是人类近代文明的先导，为信息的广泛传播、交流创造了条件。印刷术先后传到朝鲜、日本以及中亚，西亚和欧洲地区。

印刷术发明之前，文化的传播主要靠手抄的书籍。手抄费时、费事，又容易抄错、抄漏，既阻碍了文化的发展，又给信息的传播带来不应有的损失。印章和石刻给印刷术提供了直接的经验性的启示，用纸在石碑上墨拓的方法，直接为雕版印刷指明了方向。中国的印刷术经过雕版印刷和活字印刷两个阶段的发展，给人类的发展献上了一份厚礼。

图1-14　毕昇

（1）雕版印刷

大约在公元 600 年前后的隋朝，人们从刻印章中得到启发，在人类历史上最早发明了雕版印刷术。雕版印刷（见图 1-15）是在一定厚度的平滑的木板上，粘贴上抄写工整的书稿，薄而近乎透明的稿纸正面和木板相贴，字就成了反体，笔划清晰可辨。雕刻工人用刻刀把版面没有字迹的部分削去，就成了字体凸出的阳文，和字体凹入的碑石阴文截然不同。印刷的时候，在凸起的字体上涂上墨汁，然后把纸覆在它的上面，轻轻拂拭纸背，字迹就留在纸上了。

图 1-15　雕版印刷

作为最早在中国出现的印刷形式，现存最早的雕版印刷品是公元 868 年印刷的《金刚经》（现藏大英博物馆）。雕版印刷在印刷史上有“活化石”之称。

扬州是中国雕版印刷术的发源地，是中国国内唯一保存全套古老雕版印刷工艺的城市。

（2）活字印刷

雕版印刷对文化的传播起了重大作用，但是也存在明显缺点：第一，刻版费时费工费料；第二，大批书版存放不便；第三，有错字不容易更正。而北宋发明家毕昇发明的活字印刷（见图 1-16）改进了雕版印刷这些缺点。他总结了历代雕版印刷的丰富的实践经验，经过反复试验，在宋仁宗庆历年间（公元 1041—1048）制成了胶泥活字，实行排版印刷，完成了印刷史上一项重大的革命。

毕昇的方法是这样的：用胶泥做成一个个规格一致的毛坯，在一端刻上反体单字，字划突起的高度像铜钱边缘的厚度一样，用火烧硬，成为单个的胶泥活字。

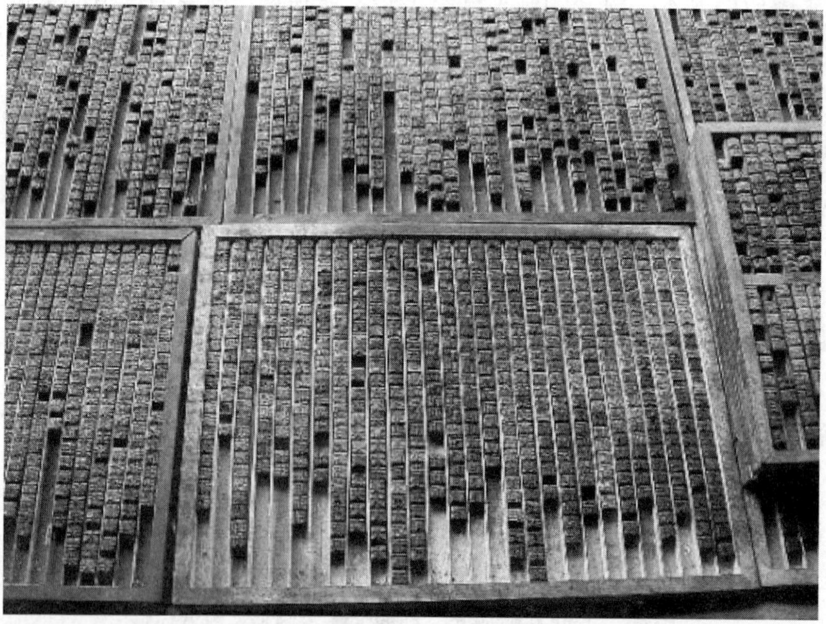

图 1-16 活字印刷

为了适应排版的需要，一般常用字都备有几个甚至几十个，以备同一版内重复的时候使用。遇到不常用的冷僻字，如果事前没有准备，可以随制随用。为便于拣字，把胶泥活字按韵分类放在木格子里，贴上纸条标明。排字的时候，用一块带框的铁板作底托，上面敷一层用松脂、蜡和纸灰混合制成的药剂，然后把需要的胶泥活字拣出来一个个排进框内。排满一框就成为一版，再用火烘烤，等药剂稍微熔化，用一块平板把字面压平，药剂冷却凝固后，就成为版型。印刷的时候，只要在版型上刷上墨，覆上纸，加一定的压力就行了。为了可以连续印刷，就用两块铁板，一版加刷，另一版排字，两版交替使用。印完以后，用火把药剂烤化，用手轻轻一抖，活字就可以从铁板上脱落下来，再按韵放回原来木格里，以备下次再用。毕昇还试验过木活字印刷，由于木料纹理疏密不匀，刻制困难，木活字沾水后变形，以及和药剂粘在一起不容易分开等原因，所以毕昇没有采用。毕昇的胶泥活字版印书方法，如果只印二三本，不算省事，如果印成百上千份，工作效率就极其可观了，不仅能够节约大量的人力、物力，而且可以大大提高印刷的速度和质量，比雕版印刷要优越得多。现代的凸版铅印，虽然在设备和技术条件上是宋朝毕昇的活字印刷所无法比拟的，但是基本原理和方法是完全相同的。

活字印刷的发明，为人类文化做出了重大贡献。这中间，中国的平民发明家毕昇的功绩是不可磨灭的。可是关于毕昇的生平事迹，人们却一无所知，幸亏毕昇创造活字印刷的事迹，比较完整地记录在北宋著名科学家沈括的名著《梦溪笔谈》里。1965年，浙江温州出土一件印本残页《佛说观无量寿佛经》，经有关专家考证认定为是毕昇之后大约50年（1103年）北宋时期的泥活字印本，应是迄今发现存世最早的活字印刷品。

1.4　电报、电话、广播和电视的发明和普及应用使人类通信领域产生根本性变革

19世纪中叶以后，随着电报、电话的发明，电磁波的发现，人类通信领域产生了根本性的变革，实现了以金属导线上的电脉冲来传递信息以及通过电磁波来进行无线通信。

1837年美国人莫尔斯研制了世界上第一台有线电报机（见图1-17）。电报机利用电磁感应原理（有电流通过，电磁体有磁性，无电流通过，电磁体无磁性），使电磁体上连着的笔发生转动，从而在纸带上画出点、线符号。这些符号的适当组合（称为莫尔斯电码），可以表示全部字母，于是文字就可以经电线传送出去

了。1844 年 5 月 24 日，他在美国国会大厦联邦最高法院议会厅做了“用导线传递消息”的公开表演，接通电报机，用一连串点、线构成的莫尔斯电码发出了人类历史上第一份电报：“上帝创造了何等的奇迹！”，实现了长途电报通信，该份电报从美国国会大厦传送到了 40 英里外的巴尔的摩城。

1864 年英国著名物理学家麦克斯韦发表了一篇论文《电与磁》，预言了电磁波的存在，说明了电磁波与光具有相同的性质，都是以光速传播的。

1875 年，苏格兰青年亚历山大 · 贝尔发明了世界上第一台电话机，1876 年 3 月 10 日，美国人贝尔用自制的电话同他的助手通了话，并于 1878 年在相距 300 千米的波士顿和纽约之间进行了首次长途电话且获得成功。

电磁波的发现产生了巨大影响，实现了信息的无线电传播，其他的无线电技术也如雨后春笋般的涌现：1920 年美国无线电专家康拉德在匹兹堡建立了世界上第一家商业无线电广播电台，从此广播事业在世界各地蓬勃发展，收音机成为人们了解时事新闻的方便途径。1933 年，法国人克拉维尔建立了英法之间的第一条商用微波无线电线路，推动了无线电技术的进一步发展。

19 世纪末，少数先驱者开始研究设计传送图像的技术。1904 年，英国人贝尔威尔和德国人柯隆发明了一次电传一张照片的电视技术，每传一张照片需要 10 分钟。1924 年，英国和德国科学家几乎同时运用机械扫描方式成功地传出了静止图像。但有线机械电视传播的距离和范围非常有限，图像也相当粗糙。1923 年，俄裔美国科学家兹沃里金申请到光电显像管、电视发射器及电视接收器的专利，他首次采用全面性的“电子电视”收发系统，成为现代电视技术的先驱。电子技术在电视上的应用，使电视开始走出实验室，进入公众生活之中，1925 年，英国科学家研制成功电视机。1928 年，美国纽约 31 家广播电台进行了世界上第一次电视广播试验，由于显像管技

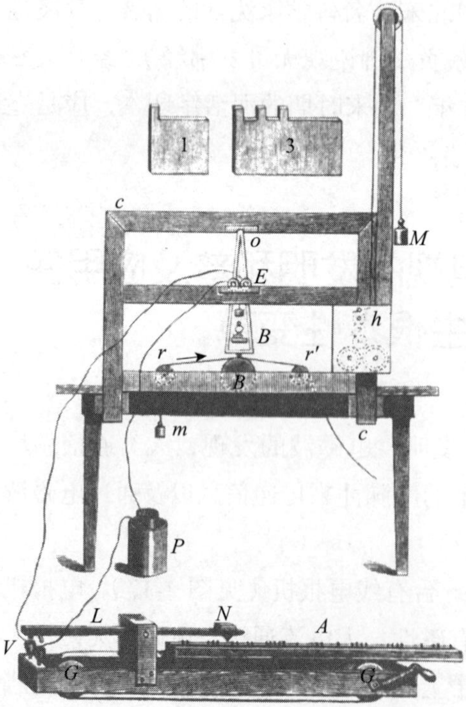

图 1-17 第一台有线电报机

术尚未完全过关，整个试验只持续了 30 分钟，收看的电视机也只有十多台，此举宣告了作为社会公共事业的电视艺术的问世，是电视发展史上划时代的事件。1929 年，美国科学家伊夫斯在纽约和华盛顿之间播送 50 行的彩色电视图像，发明了彩色电视机。1933 年，兹沃里金又研制成功可供电视摄像用的摄像管和显像管，完成了使电视摄像与显像完全电子化的过程，至此，现代电视系统基本成型。今天电视摄影机和电视接收的成像原理与器具，就是根据他的发明改进而来的。

此外，静电复印机、磁性录音机、雷达、激光器都是信息技术史上的重要发明。

1.4.1　静电复印机

20 世纪 30 年代，当时世界上只有基于银盐照相直接影印的复印方法，而卡尔逊则采用将带电的绝缘体利用光导电性媒介，能放电形成静电潜像和带有静电的粉体可以对潜像进行显影的两种想法糅合在一起的思路，研究成功了在光导电性绝缘膜层上能形成静电潜像的方法，并由此导致他发明了静电复印技术。其过程大致可分为充电、曝光、显影、转印、分离、定影、清洁、消电 8 个基本步骤。

（1）充电

充电就是使感光鼓在暗处，并处在某一极性的电场中，使其表面均匀地带上一定极性和数量的静电荷，即具有一定表面电位的过程，这一过程实际上是感光鼓的敏化过程，使原来不具备感光性的感光鼓具有较好的感光性。充电过程只是为感光鼓接受图像信息准备的，是不依赖原稿图像信息的预过程，但这是在感光鼓表面形成静电潜像的前提和基础。

（2）曝光

曝光是利用感光鼓在暗处时电阻大，成绝缘体；在明处时电阻小，成导体的特性，对已充电的感光鼓用光像进行曝光。强光照的区域（原稿的空白部分）表面电荷因放电而消失，无光照的区域（原稿的线条和墨迹部分）电荷依旧保持，从而在感光鼓上形成表面电位随图像明暗变化而起伏的静电潜像的过程。进行曝光时，原稿图像经光照射后，图像光信号经光学成像系统投射到感光鼓表面，光导层受光照射的部分称为“明区”，而没有受光照射的部分属于“暗区”。在明区，光导层产生电子空穴对，即生成光生载流子，使得光导层的电阻率迅速降低，由绝缘体变成良导体，呈现导电状态，从而使感光鼓表面的电位因光导层表面电荷与界面处反极性电荷的中和而很快衰减。在暗区，光导层则依然呈现绝缘状态，使得感光鼓表面电位基本保持不变。感光鼓表面静电电位的高低随原稿图像浓淡的不同而不同，感光鼓上对应图像浓的部分表面电位高，图像淡的部分表面电位低。这样，就在感光鼓表面形成了一个与原稿图像浓淡相对应的表面电位起伏的静电潜像。

（3）显影

显影就是用带电的色粉使感光鼓上的静电潜像转变成可见的色粉图像的过程。显影色粉所带电荷的极性，与感光鼓表面静电潜像的电荷极性相反。显影时，在感光鼓表面静电潜像电场力的作用下，色粉被吸附在感光鼓上。静电潜像电位越高的部分，吸附色粉的能力越强；静电潜像电位越低的部分，吸附色粉的能力越弱。对应静电潜像电位（电荷的多少）的不同，其吸附色粉量也就不同。这样感光鼓表面不可见的静电潜像，就变成了可见的与原稿浓淡一致的不同灰度层次的色粉图像。在静电复印机中，色粉的带电通常是通过色粉与载体的摩擦来获得的。摩擦后色粉带电极性与载体带电极性相反。

（4）转印

转印就是用复印介质贴紧感光鼓，在复印介质的背面赋予与色粉图像相反极性的电荷，从而将感光鼓已形成的色粉图像转移到复印介质上的过程。目前静电复印机中通常采用电晕装置对感光鼓上的色粉图像进行转印。当复印纸（或其他介质）与已显影的感光鼓表面接触时，在纸张背面使用电晕装置对其放电，该电晕的极性与充电电晕相同，而与色粉所带电荷的极性相反。由于转印电晕的电场力比感光鼓吸附色粉的电场力强得多，因此在静电引力的作用下，感光鼓上的色粉图像就被吸附到复印纸上，从而完成了图像的转印。在静电复印机中，为了易于转印和提高图像色粉的转印率，通常还采用预转印电极或预转印灯装置对感光鼓进行预转印处理。

（5）分离

在前述的转印过程中，复印纸由于静电的吸附作用，将紧紧地贴在感光鼓上，分离就是将紧贴在感光鼓表面的复印纸从感光鼓上剥落（分离）下来的过程，静电复印机中一般采用分离电晕（交、直流）、分离爪或分离带等方法来进行纸张与感光鼓的分离。

（6）定影

定影就是把复印纸上的不稳定、可抹掉的色粉图像固着的过程。通过转印、分离过程转移到复印纸上的色粉图像，并未与复印纸融合为一体，这时的色粉图像极易被擦掉，因此须经定影装置对其进行固化，以形成最终的复印品。目前的静电复印机多采用加热与加压相结合的方式，对热熔性色粉进行定影。定影装置加热的温度和时间，加压的压力大小，对色粉图像的黏附牢固度有一定的影响。其中，加热温度的控制，是图像定影质量好坏的关键。

（7）清洁

清洁就是清除经转印后还残留在感光鼓表面色粉的过程。感光鼓表面的色粉图像由于受表面的电位、转印电压的高低、复印介质的干湿度及与感光鼓的接触时间、转印方式等的影响，其转印效率不可能达到100%，在大部分色粉经转印从感光鼓表面转移到复印介质上后，感光鼓表面仍残留有一部分色粉，如果不及时清除，将影响到后续复印品的质量。因此必须对感光鼓进行清洁，使之在进入下一复印循环前恢复到原来状态。静电复印机中一般采用刮板、毛刷或清洁辊等装置对感光鼓表面的残留色粉进行清除。

（8）消电

消电就是消除感光鼓表面残余电荷的过程。由于充电时在感光鼓表面沉积的静电荷，并不因所吸附的色粉微粒转移而消失，在转印后仍留在感光鼓表面，如果不及时清除，会影响后续复印过程。因此，在进行第二次复印前必须对感光鼓进行消电，使感光鼓表面电位恢复到原来状态。静电复印机中一般采用曝光装置来对感光鼓进行全面曝光，或用消电电晕装置对感光鼓进行反极性充电，以消除感光鼓上的残余电荷。

1.4.2　磁性录音机

1935年，德国通用电气公司制成磁带录音机（见图1-18）。磁带录音机主要由机内话筒、磁带、录放磁头、放大电路、扬声器、传动机构等部分组成。

录音时，声音使话筒中产生随声音而变化的感应电流，音频电流经放大电路放大后，进入录音磁头的线圈中，在磁头的缝隙处产生随音频电流变化的磁场。磁带紧贴着磁头缝隙移动，磁带上的磁粉层被磁化，在磁带上就记录下声音的磁信号。

图 1-18 磁带录音机

放音是录音的逆过程，放音时，磁带紧贴着放音磁头的缝隙通过，磁带上变化的磁场使放音磁头线圈中产生感应电流，感应电流的变化跟记录下的磁信号相同，所以线圈中产生的是电流音频，这个电流经放大电路放大后，送到扬声器，扬声器把音频电流还原成声音。

1.4.3 雷达

雷达（见图 1-19）的出现，是由于第二次世界大战期间英国和德国交战时，英国急需一种能探测空中金属物体的雷达（技术）在反空袭战中帮助搜寻德国飞机。

图 1-19 雷达

雷达所起的作用与眼睛和耳朵相似，当然，它不再是大自然的杰作，它的信息载体是无线电波。事实上，不论是可见光或是无线电波，在本质上是同一种东西，都是电磁波，在真空中传播的速度都是光速，差别在于它们各自的频率和波长不同。其原理是雷达设备的发射机通过天线把电磁波能量射向空间某一方向，处在此方向上的物体反射碰到的电磁波；雷达天线接收此反射波，送至接收设备进行处理，提取有关该物体的某些信息（目标物体至雷达的距离、距离变化率或径向速度、方位、高度等）。

测量距离原理是测量发射脉冲与回波脉冲之间的时间差，因电磁波以光速传播，据此就能换算成雷达与目标的精确距离。

测量目标方位的原理是利用天线的尖锐方位波束，通过测量仰角波束，从而根据仰角和距离就能计算出目标高度。

测量速度的原理是雷达根据自身和目标之间有相对运动产生的频率多普勒效应。雷达接收到的目标回波频率与雷达发射频率不同，两者的差值称为多普勒频率。从多普勒频率中可提取的主要信息之一是雷达与目标之间的距离变化率。当目标与干扰杂波同时存在于雷达的同一空间分辨单元内时，雷达利用它们之间多普勒频率的不同能从干扰杂波中检测和跟踪目标。

1.4.4 激光器

激光器（见图 1-20）是能发射激光的装置。1953 年美国物理学家查尔斯·哈德·汤斯和他的学生阿瑟·肖洛制成了第一台微波量了放大器，获得了高度相干的微波束。1958 年 C.H. 汤斯和 A.L. 肖洛把微波量子放大器原理推广应用到光频范围，1960 年 T.H. 西奥多·梅曼制成了第一台红宝石激光器。1961 年伊朗科学家 A. 贾文等人制成了氦氖激光器。1962 年 R.N. 霍耳等人创制了砷化镓半导体激光器。以后，激光器的种类就越来越多。按工作介质分，激光器可分为气体激光器、固体激光器、半导体激光器和染料激光器 4 大类。近来还发展了自由电子激光器，大功率激光器通常都是脉冲式输出。

一般激光器的基本工作原理均类似。产生激光的必不可少的条件是粒子数反转和增益大于损耗，所以装置中必不可少的组成部分有激励（或抽运）源、具有亚稳态能级的工作介质两个部分。激励是工作介质吸收外来能量后激发到激发态，为实现并维持粒子数反转创造条件。激励方式有光学激励、电激励、化学激

图 1-20　激光器

励和核能激励等。工作介质具有亚稳能级，使受激辐射占主导地位，从而实现光放大。激光器中常见的组成部分还有谐振腔，但谐振腔并非是必不可少的组成部分，谐振腔可使腔内的光子有一致的频率、相位和运行方向，从而使激光具有良好的方向性和相干性。而且，它可以很好地缩短工作物质的长度，还能通过改变谐振腔长度来调节所产生激光的模式（即选模），所以一般激光器都具有谐振腔。

1.5　电子计算机的普及应用与现代通信技术有机结合推动人类全面进入信息时代

随着电子技术的高速发展，军事、科研迫切需要解决的计算工具也大大得到改进，1946 年，由美国宾夕法尼亚大学研制的第一台电子计算机 ENIAC 诞生了。此后经历了 5 个发展过程：第一代电子计算机（1946 ～ 1958 年）、第二代晶体管电子计算机（1958 ～ 1964 年）、第三代集成电路计算机（1965 ～ 1970 年）、第四代大规模集成电路计算机（1971 ～ 20 世纪 80 年代）、第五代智能化计算机（20 世纪 80 年代至今）。为了解决资源共享，计算机与通信技术融合的问题，单一的计算机很快发展成计算机联网，实现了计算机之间的数据通信、数据共享。

在此阶段出现了量子计算机、生物计算机、网络计算、机器人、数字地球和智能化社区、因特网和下一代因特网、虚拟现实等技术。

（1）量子计算机

量子计算机，早先由理查德·费曼提出，一开始是从物理现象的模拟而来的。这是一类遵循量子力学规律进行高速数学和逻辑运算、存储及处理量子信息的物理装置。当某个装置处理和计算的是量子信息，运行的是量子算法时，它就是量子计算机。量子计算机的概念源于对可逆计算机的研究。研究可逆计算机的目的是为了解决计算机中的能耗问题。

20 世纪 60 年代至 70 年代，人们发现能耗会导致计算机中的芯片发热，极大地影响了芯片的集成度，从而限制了计算机的运行速度。研究发现，能耗来源于计算过程中的不可逆操作。那么，是否计算过程必须要用不可逆操作才能完成呢？问题的答案是：所有经典计算机都可以找到一种对应的可逆计算机，而且不影响运算能力。既然计算机中的每一步操作都可以改造为可逆操作，那么在量子力学中，它就可以用一个幺正变换来表示。1994 年，贝尔实验室的专家彼得·舒尔证明量子计算机能完成对数运算，而且速度远胜传统计算机。这是因为量子计算机不像半导体计算机只能记录 0 与 1，可以同时表示多种状态。如果把半导体计算机比成单一乐器，量子计算机就像交响乐团，一次运算可以处理多种不同状况，因此，一个 40 位元的量子计算机，就能解开 1024 位元的电子计算机花上数十年解决的问题。

2017 年中国科学技术大学潘建伟院士及其同事陆朝阳、朱晓波等，联合浙江大学王浩华教授研究组，成功构建了世界首台超越早期经典计算机的光量子计算机。这台由中国科学家团队自主研发的 10 比特（注：信息量单位，二进制数的一位包含的信息 =1 比特 ）超导量子线路样品，通过发展全局纠缠操作，成功实现了目前世界上最大数目的超导量子比特的纠缠和完整的测量。据中科院院士潘建伟介绍，中国 2016 年就首次实现了 10 光量子纠缠操纵，随后在此基础上利用自主发展的综合性能国际最优的量子点单光子源，通过电控可编程的光量子线路，构建了针对多光子“玻色取样”任务的光量子计算原型机，速度比之前国际同行所有类似实验快了至少 2.4 万倍。预计到 2017 年底，研究团队将进一步实现对大约 20 个光量子比特的操纵。

通俗来讲就是：目前的超级计算机系统，能完成 5 到 20 个量子比特的量子计算机所做的事情。但达到约 50 个量子比特之后，量子计算机的能力将一骑绝尘，超级计算机只能望“量子”兴叹。50 比特的量子计算机，一步就能进行 2 的 50 次方运算，等于 1125899906842000，即一千万亿次计算，已经达到全球排名第五、中国天河一号超级计算机现在的计算能力。如果真的到了那一天，现在的电子计算机就相当于以前的算盘，显得笨重又古老了。

（2）生物计算机

生物计算机又称仿生计算机，是以生物芯片取代在半导体硅片上集成数以万计的晶体管制成的计算机。它的主要原材料是生物工程技术产生的蛋白质分子，并以此作为生物芯片。生物计算机芯片本身还具有并行处理的功能，其运算速度要比当今最新一代的计算机快 10 万倍，能量消耗仅相当于普通计算机的十亿分之一，存储信息的空间仅占百亿亿分之一。

生物计算机作为即将完善的新一代计算机，其优点是十分明显的。但它也有自身难以克服的缺点。其中最主要的便是从中提取信息困难。一种生物计算机 24 小时就完成了人类迄今全部的计算量，但从中提取一个信息却花费了 1 周。这也是目前生物计算机没有普及的最主要原因。

（3）机器人

机器人是自动执行工作的机器装置。它既可以接受人类指挥，又可以运行预先编排的程序，也可以根据人工智能技术制定的原则纲领行动。它的任务是协助或取代人类的工作，例如生产业、建筑业中危险的工作。

2017 年 5 月份在浙江乌镇举办了人工智能围棋手阿尔法狗与世界最顶级围棋高手我国的柯洁的围棋比赛。人工智能围棋手阿尔法狗以绝对的优势完胜人类，打败排名世界第一的柯洁，给围棋领域扔下了一枚重磅炸弹。而在无人驾驶方面，百度公司的副董事长、总裁、前微软全球执行副总裁、华人世界在硅谷职位最高者陆奇宣布：推出百度的“Apollo 计划”，向所有合作伙伴免费开放无人驾驶技术！这不仅让华为、阿里、谷歌等投资该领域的企业输得很难堪，未来更是会让司机们哭晕在厕所，以后估计连司机这个职业都会消失，未来江湖上只会留下他们的传说。

（4）数字地球

数字地球，是美国副总统戈尔于 1998 年 1 月在加利福尼亚科学中心开幕典礼上发表的题为“数字地球：认识二十一世纪我们所居住的星球”演说时，提出的一个与地理信息系统 GIS、网络、虚拟现实等高新技术密切相关的概念。数字地球是一个以地球坐标为依据的、具有多分辨率的海量数据和多维显示的地球虚拟系统。通俗地讲，数字地球就是用数字的方法将地球、地球上的活动及整个地球环境的时空变化装入计算机中，实现在网络上的流通，并使之最大限度地为人类的生存、可持续发展和日常的工作、学习、生活、娱乐服务。显然，面对如此一个浩大的工程，任何一个政府组织、企业或学术机构，都是无法独立完成的，它需要成千上万的个人、公司、研究机构和政府组织的共同努力。数字地球要解决的技术问题，包括计算机科学、海量数据存储、卫星遥感技术、宽带网络、互操作性、元数据等。可以预见，随着地球空间信息学的发展，而建立起的数字地球，必将促进测绘事业的现代化，为测绘事业与整个国民经济建立更加紧密的联系，做出更大的贡献，在未来和知识经济社会中产生巨大的经济效益和社会效益。

（5）智能化小区

智能化小区，目前还没有一个完善的定义。2001 年，国家建设部住宅产业办公室提出了一个关于智能化小区的基本概念：“住宅小区智能化是利用 4C(即计算机、通信与网络、自控和 IC 卡)，通过有效的传输网络，将多元的信息服务与管理、物业管理与安防、住宅智能化集成，为住宅小区的服务与管理提供高技术的智能化手段，以期实现快捷高效的超值服务与管理，提供安全舒适的家居环境。”但这仅仅是一个现阶段关于智能化小区的基本概念，不适用于其他类型的智能化小区。随着新技术、新成果的产生和应用以及我国人民住宅状况的发展变化，智能化小区的内涵也会有相应的变化。实际上，智能化小区包含着各种类型的智能化小区。例如，在特大型或重要城市中有专供国内外商业贸易、工业生产集团公司或总部常驻的智能化国际商务中心区；以金融、保险和证券交易市场及理财结算中心等为主体的智能化金融街区；有星罗棋布、布置有序的研发基地或工业园区或经济开发区；各种建设规模的高新科技园区以及城市中普遍建设的居民（住）小区等。目前在国内，前几种智能化小区的数量还不是很多，较多的是以居民住宅建筑为主的智能化住宅小区（或称智能化居住小区或智能化居民小区，简称小区）。

（6）因特网

互联网始于 1969 年的美国，又称因特网，是美军在 ARPA（阿帕网，美国国防部研究计划署）制定的协定下将美国西南部的大学 UCLA（加利福尼亚大学洛杉矶分校）、Stanford Research Institute（斯坦福大学研究学院）、UCSB（加利福尼亚大学）和 University of Utah（犹他州大学）的 4 台主要的计算机连接起来。这个协定由剑桥大学的 BBN 和 MA 执行，在 1969 年 12 月开始联机。

在如今的日常生活中，因特网这个词已经频繁出现在我们的交流中，因特网是不是就是我们常常看到的 Internet 呢？

实际上，Internet 表示的意思是互联网，又称网际网路，根据音译也被叫做因特网、英特网，是网络与网络之间所串连成的庞大网络，这些网络以一组通用的 TCP/IP 协议相连，形成逻辑上的单一且巨大的全球化网络，在这个网络中有交换机、路由器等网络设备、各种不同的连接链路、种类繁多的服务器和数不尽的计算机、终端。使用互联网可以将信息瞬间发送到千里之外的人手中，它是信息社会的基础。

但网络的更新换代是必然的，目前学术界对于下一代互联网还没有统一定义，只是对其主要特征已达成如下共识：更大、更快、更安全、更及时、更方便、更可管理和更有效。

（7）虚拟现实

虚拟现实是近年来出现的高新技术，也称真实幻觉（Virtual Reality，VR）、灵境技术或人工环境。虚拟现实是利用计算机模拟产生一个三维空间的虚拟世界，提供使用者关于视觉、听觉、触觉等感官的模拟，让使用者如同身临其境一般，可以及时、没有限制地观察三维空间内的事物。

虚拟现实是多种技术的综合，包括实时三维计算机图形技术，广角（宽视野）立体显示技术，对观察者头、眼和手的跟踪技术，以及触觉反馈、立体声、网络传输、语音输入输出技术等。下面对这些技术分别加以说明。

①实时三维计算机图形。相比较而言，利用计算机模型产生图形图像并不是太难的事情。如果有足够准确的模型，又有足够的时间，我们就可以生成不同光照条件下各种物体的精确图像，但是这里的关键是实时。例如在飞行模拟系统中，图像的刷新相当重要，同时对图像质量的要求也很高，再加上非常复杂的虚拟环境，问题就变得相当困难。

②显示。人看周围的世界时，由于两只眼睛的位置不同，得到的图像略有不同，这些图像在脑子里融合起来，就形成了一个关于周围世界的整体景象，这个景象中包括了距离远近的信息。当然，距离信息也可以通过其他方法获得，例如眼睛焦距的远近、物体大小的比较等。

在虚拟现实系统中，双目立体视觉起了很大作用。用户的两只眼睛看到的不同图像是分别产生的，显示在不同的显示器上。有的系统采用单个显示器，但用户戴上特殊的眼镜后，一只眼睛只能看到奇数帧图像，另一只眼睛只能看到偶数帧图像，奇、偶帧之间的不同也就是视差就产生了立体感。

用户（头、眼）的跟踪：在人造环境中，每个物体相对于系统的坐标系都有一个位置与姿态，而用户也是如此。用户看到的景象是由用户的位置和头（眼）的方向来确定的。

跟踪头部运动的虚拟现实头套：在传统的计算机图形技术中，视场的改变是通过鼠标或键盘来实现的，用户的视觉系统和运动感知系统是分离的，而利用头部跟踪来改变图像的视角，用户的视觉系统和运动感知系统之间就可以联系起来，感觉更逼真。另一个优点是，用户不仅可以通过双目立体视觉去认识环境，而且可以通过头部的运动去观察环境。

在用户与计算机的交互中，键盘和鼠标是目前最常用的工具，但对于三维空间来说，它们都不太适合。在三维空间中因为有6个自由度，我们很难找出比较直观的办法把鼠标的平面运动映射成三维空间的任意运动。现在，已经有一些设备可以提供6个自由度，如3Space数字化仪和SpaceBall空间球等。另外一些性能比较优异的设备是数据手套和数据衣。

③声音。人能够很好地判定声源的方向。在水平方向上，我们靠声音的相位差及强度的差别来确定声音的方向，因为声音到达两只耳朵的时间或距离有所不同。常见的立体声效果就是靠左、右耳听到在不同位置录制的不同声音来实现的，所以会有一种方向感。现实生活里，当头部转动时，听到的声音的方向就会改变。但目前在VR系统中，声音的方向与用户头部的运动无关。

④感觉反馈。在一个VR系统中，用户可以看到一个虚拟的杯子。你可以设法去抓住它，但是你的手没有真正接触杯子的感觉，并有可能穿过虚拟杯子的“表面”，而这在现实生活中是不可能的。解决这一问题的常用装置是在手套内层安装一些可以振动的触点来模拟触觉。

⑤语音。在VR系统中，语音的输入、输出也很重要。这就要求虚拟环境能听懂人的语言，并能与人实时交互。而让计算机识别人的语音是相当困难的，因为语音信号和自然语言信号有其“多边性”和复杂性。例如，连续语音中词与词之间没有明显的停顿，同一词、同一字的发音受前后词、字的影响，不仅不同人说同一词会有所不同，就是同一人发音也会受到心理、生理和环境的影响而有所不同。

使用人的自然语言作为计算机输入目前有两个问题：首先是效率问题，为便于计算机理解，输入的语音可能会相当啰唆。其次是正确性问题，计算机理解语音的方法是对比匹配，而没有人的智能。

第2章

信息技术与个人

如今，信息技术发展如火如荼，出现了很多引领时代潮流的公司和传奇人物，国外有史蒂芬·乔布斯、比尔·盖茨等，国内有李彦宏、马化腾、马云等。

2.1 史蒂芬·乔布斯与苹果

导 入

他，改变了人们对电脑、音乐、电影、电话以及世界的认识，从个人电脑到iPod、iTunes、iPhone、iPad……他就是史蒂夫·乔布斯。曾任Google、微软的副总裁李开复说，“没有乔布斯，今天的世界就一定是另一副模样；没有乔布斯，就没有1977年的Apple Ⅱ、1984年的Macintosh、1998年的iMac、2001年的iPod、2007年的iPhone和2010年的iPad；没有乔布斯，今天我自己可以随时打开iPad上微博、玩‘植物大战僵尸’的快乐生活就至少要被推迟3年！”可见，史蒂芬·乔布斯与其苹果开创了一个信息时代。

2.1.1 史蒂芬·乔布斯

1. 早年经历

1955年2月24日，史蒂夫·乔布斯出生在美国旧金山。刚刚出世就被父母遗弃了。幸运的是，保罗·乔布斯和克拉拉·乔布斯——一对好心的夫妻领养了他。

乔布斯生活在美国“硅谷”附近，邻居都是惠普公司的职员。在这些人的影响下，乔布斯从小迷恋电子学。

19 岁那年，乔布斯只念了一学期就因为经济因素而休学，成为雅达利电视游戏机公司的一名职员。借住沃兹家的车库，常到社区大学旁听书法课等课程。乔布斯一边上班，一边常常与沃兹一道，在自家的小车库里琢磨电脑。他们梦想能够拥有一台自己的电脑，可是当时市面上卖的都是商用的，且体积庞大，极其昂贵，于是他们准备自己开发。1976 年在旧金山威斯康星电脑产品展销会上买到了 6502 芯片，带着 6502 芯片，两个年轻人在车库里装好了第一台电脑。

1976 年 4 月 1 日，乔布斯、沃兹及乔布斯的朋友龙·韦恩签署了一份合同，决定成立一家公司。随后，21 岁的乔布斯与 26 岁的斯蒂夫·沃兹尼亚克在自家的车房里成立了苹果公司。公司的名称由乔布斯定为苹果。而他们的自制电脑则被追认为“Apple Ⅰ”了。

2. 早期发展

苹果公司成立初期，生意清淡。1976 年 7 月，一个偶然的机遇给苹果公司带来了转机。零售商保罗·特雷尔来到了乔布斯的车库，当看完乔布斯演示完电脑后，决定订购 50 台整机，这是做成的第一笔生意。

1977 年 4 月，乔布斯在美国第一次电脑展览会展示了“Apple Ⅱ”样机。

1980 年 12 月 12 日，苹果公司股票公开上市，在不到一个小时内，460 万股全被抢购一空，当日以每股 29 美元收市。按这个收盘价计算，苹果公司高层产生了 4 名亿万富翁和 40 名以上的百万富翁。乔布斯作为公司创办人排名第一。

1983 年，Lisa 数据库和 Apple lie 发布，售价分别为 9998 美元和 1395 美元。但是 Lisa 昂贵的售价是没有多少市场的，而 Lisa 又侵吞了 Apple 大量研发经费。

由于乔布斯经营理念与当时大多数管理人员不同，加上 IBM 公司推出个人电脑，抢占大片市场，总经理和董事们便把这一失败归罪于董事长乔布斯，于 1985 年 4 月经由董事会决议撤销了他的经营大权。乔布斯几次想夺回权力均未成功，便在 1985 年 9 月 17 日离开苹果公司。

3. 独立时期

从苹果辞职之后，于 1986 年乔布斯花 1000 万美元从乔治·卢卡斯手中收购了 Lucasfilm 旗下位于加利福尼亚州 Emeryville 的电脑动画效果工作室，并成立独立公司皮克斯动画工作室。之后该公司成为了众所周知的 3D 电脑动画公司，并在 1995 年推出全球首部全 3D 立体动画电影《玩具总动员》。公司在 2006 年被迪士尼收购，乔布斯也因此成为迪斯尼最大个人股东。

4. 回归苹果

1996 年苹果公司经营陷入困局，其市场份额也由鼎盛的 16% 跌到 4%。与之相对应的是乔布斯公司由于《玩具总动员》而名声大振，个人身价达到10亿美元。但是乔布斯还是于苹果危难之中重新回来，回来后的乔布斯大刀阔斧改革，停止了不合理的研发和生产，结束了微软和苹果多年的专利纷争，并开始研发新产品 iMac 和 OS X 操作系统。

1997 年苹果推出 iMac，创新的外壳颜色透明设计使得产品大卖，并让苹果度过财政危机。随后，又推出 Mac OS X 操作系统。2000 年科技股泡沫，乔布斯又提出将 PC 设计成“数字中枢”先进理念，并先后开发出 iTunes 和 iPod，同时也开始在黄金地段开设专卖店并大获成功。随后 Apple TV 和 iTunes Store 等一系列产品受到了市场的好评和认可。

2007 年 6 月 29 日，苹果公司又推出自己设计的 iPhone 手机，使用 iOS 系统，随后发布新一代 iPhone 3G 以及 iPhone 3GS。

2010 年 6 月 8 日又发布第四代产品 iPhone 4，每次上市都引得了世界极大的疯狂和销售热潮。

除了 iPhone 系列之外，发布使用 iOS 系统的 iPad 平板电脑，这一起先不被众人看好的产品，最后获得了巨大的成功。

2.1.2 苹果

苹果电脑使电脑初具现代电脑的模样，iPod 掀起了音乐播放器革命，iPhone 重新定义了智能手机概念，iPad 则让平板电脑成为一种潮流。苹果的热度已经跨越了 IT（Information Technology，信息技术）的界限，成为创新和时尚的代名词。

1. 电脑中的精品——苹果电脑

在 Apple Ⅰ出现之前的早期个人电脑里，最受当时电脑迷追捧的是 MITS（微型仪器与自动测量系统公司）1975 年年初推出的 Altair 8800。如图 2-1 所示，其外表是只漂亮的铁箱子，前面板有几排整齐的红色指示灯和金属开关，既没有键盘也没有显示器，程序的输入输出通过前面板上的开关和指示灯来实现。前面板中央每个开关代表一个二进制位，拨到上面是 1，拨到下面是 0。输入程序其实就是用手连续拨动开关。一段最简单的算数程序，就要拨动几十次开关。

Apple Ⅰ（见图 2-2）其实是一块作为配件销售的计算机主板，但该主板里已经内置了控制键盘输入和屏幕输出的芯片。用户把 Apple Ⅰ买回家，直接连上键

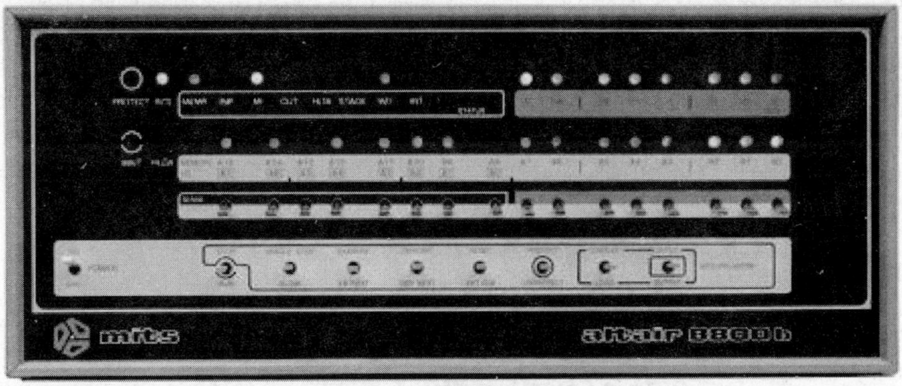

图 2-1　Altair 8800的前面板

盘、显示器（或电视机）就可以工作，不再需要拨动二进制开关。所以，Apple I 最早定义了现代个人电脑的人机交互方式。

图 2-2　Apple I

与 Apple Ⅰ以主板形式存在不同的是，Apple Ⅱ（见图 2-3）有了一个漂亮的、塑料制成的主机箱，而之前的所有电脑则在使用冰冷、笨重的金属机箱或简陋的木质机箱。Apple Ⅱ的塑料机箱第一次让电脑在外观设计上有了个人消费品的味道，拉近了电脑和普通消费者的距离。更重要的是，Apple Ⅱ内置了 BASIC（Beginner’s All-Purpose Symbdic Instruction Code，适用于初学者的多功能符号指令码）语言解释器。人们可以用语法近似英语的 BASIC 语言编写程序，而不再需要用二进制的 0 和 1 与计算机交流。Apple Ⅱ之前，Altair 8800 和 Apple Ⅰ虽然也支持 BASIC 语言，但必须从纸袋或磁带上加载 BASIC 解释器后才能使用。Apple Ⅱ是第一台开机就能用 BASIC 语言的电脑，而且成为计算机历史上第一台销量超过 100 万台的电脑。

图 2-3 Apple Ⅱ

在 Apple Ⅱ之后，苹果公司相继推出了多款升级产品，但鲜有极具吸引力的产品面世，直至 Macintosh（简称 Mac）的出现。Mac 电脑首次将图形用户界面广泛应用到个人电脑之上。

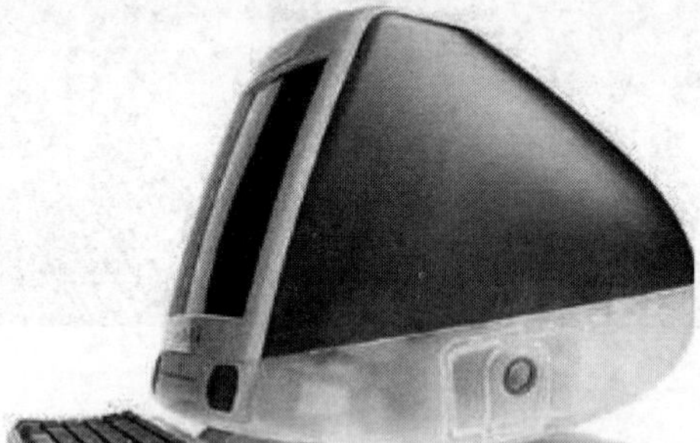

图 2-4 iMac

而 iMac 又将苹果电脑推向了另一个高潮。市面上的个人电脑的发展大多体现在性能指标上，如 CPU 不断升级换代，硬盘和内存越来越大，显示和网络性能越来越强，而 iMac（见图 2-4）除了用水果糖色代替黑白两色外，还与日趋流行的互联网之间建立了紧密联系，用户打开电脑，就可以连入互联网冲浪。iMac

这个名字里，开头的字母“i”所代表的就是互联网（internet）。

2. 数字音乐神器——iPod

在 iPod 出现之前，索尼公司的 CD 随身听（Walkman）是年轻人的标准音乐播放装备。但一张 CD 也就是 10 首歌左右的容量。音乐迷出门时，除了背着 Walkman，还得随身带好几张 CD 唱片。

当苹果开发了电脑上的音乐播放软件 iTunes 后，有了把用户保存在 iTunes 里的歌曲直接导入一个小巧的播放设备的想法，因此 iPod（见图 2-5）应运而生，其以漂亮的外观和惊人的容量赢得了一片喝彩。

图 2-5　iPod

3. “上帝手机”——iPhone

手机功能的逐渐提升给纯粹的音乐播放器带来了巨大的威胁，身处排头兵的乔布斯最清楚危机来自哪里。于是，iPhone 出现了，其不仅具有触控功能的宽屏幕 iPod，还具有突破性的网络通信装置。2007 年 1 月 9 日，乔布斯在旧金山马士孔尼会展中心的苹果公司全球软件开发者年会上透露推出第一代 iPhone，其于当地时间 2007 年 6 月 29 日下午 6 时在美国正式发售，全美的苹果公司销售商店外有数百名苹果粉丝为了抢购而提早排队购买。由于刚推出的 iPhone 上市后引发热潮及销售反应热烈，部分媒体誉为“上帝手机”。iPhone 7 Plus 于北京时间 2016 年 9 月 8 日苹果秋季新品发布会上正式亮相。

4. 可以触摸的大玻璃——iPad

iPhone 手机火爆的同时，苹果也解决了平板电脑需要高性能电池等技术问题。2010 年 1 月，与 iPhone 使用同样的多点触控玻璃屏和同样的 iOS 操作系统的而具有更大屏的 iPad 正式发布。iPad 比笔记本更易携带，比当时的智能手机功能更多，创造了只用 28 天就销售 100 万台的奇迹。

2.2　比尔·盖茨与微软

引　入

2012 年，盖茨送给了世界 8 个厕所。

虽说我们现在基本都用上了卫生整洁的洗手间，但是在许多第三世界国家，符合卫生标准的厕所仍然极为紧缺。而且我们现在使用的排泄物处理系统的问题也不少，比如容易滋生细菌，不够环保等，全球头号“儿童杀手”就是由接触排泄物引起的各类疾病。于是比尔·盖茨看不下去了，他发起了一个“厕所重生计划（Reinvent the Toilet challenge）”，号召各国大学的科研机构创造出更加优秀的厕所，并向 8 个团队提供了 40 万美元的前期资金，帮助他们开发新型厕所，2012 年 8 月 15 日，盖茨在西雅图为这些团队举办了展示与颁奖会。图 2-6 为获奖的设计之一——太阳能厕所（可发电，生成氢气）。

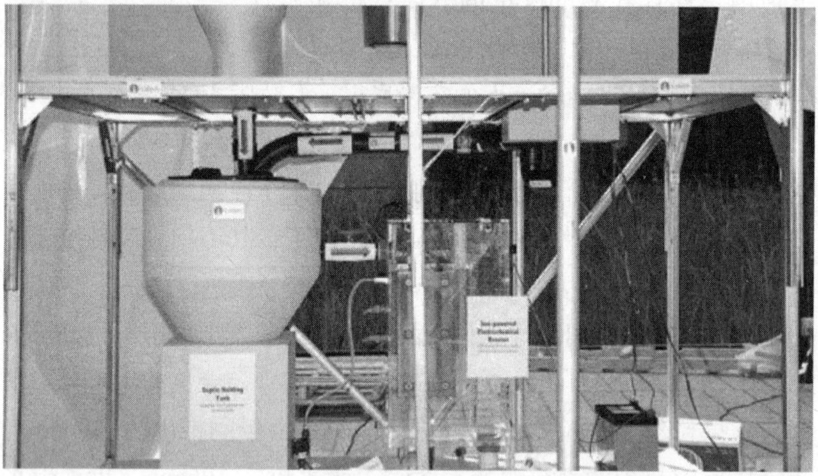

图2-6 太阳能厕所

与史蒂芬·乔布斯一样载入 IT 史册的是微软的比尔·盖茨。

作为微软公司创始人之一的比尔·盖茨，曾有太多标签，如“全球首富”、“亿万富翁”、“微软大帝”、“电脑大亨”、“IT 时代的宠儿”、“最大的慈善家”……

1. 早年经历

盖茨，1955 年 10 月 28 日出生于美国华盛顿州西雅图。13 岁时，与他湖畔中学的同学保罗·艾伦利用一本指导手册开始学习 BASIC 编程；4 年后卖掉了他的第一个电脑编程作品——一个时间表格系统。

盖茨 18 岁考入哈佛大学，在哈佛上学的时候，为第一台微型计算机 MITS Altair 开发了 BASIC 编程语言的一个版本。一年后，经过一番权衡，他从哈佛大学退学，于 1975 年与好友保罗·艾伦一起创办了微软公司（Micro-soft Corporation），当时主要制作微型电脑的软件。

2. 微软的崛起

1980 年 8 月 28 日，盖茨与 IBM 签订合同，同意为 IBM 的 PC 开发操作系统。随后他以 5 万美元价格购买了一款名为 QDOS 的操作系统，对其稍加改进后，将该产品更名为 DOS，然后将其授权给 IBM 使用。

1982 年，在上市销售的第一年期间，盖茨向 50 家硬件制造商授权使用 MS-DOS 操作系统。

1985 年，Windows 操作系统（视窗 1.0）首次登台亮相。该产品是 DOS 操作系统的演进版，并提供了图形用户界面，比起从前的 DOS 系统需要键入指令使用的方式更为人性化。随着电脑硬件和软件的不断升级，微软的 Windows 也在不断升级，从架构的 16 位、32 位再到 64 位，甚至 128 位，系统版本从最初的 Windows 1.0 到大家熟知的 Windows 95、Windows 98、Windows ME、Windows 2000、Windows 2003、Windows XP、Windows Vista、Windows 7、Windows 8、Windows 8.1、Windows 10 和 Windows Server 服务器企业级操作系统，不断持续更新，微软一直在致力于 Windows 操作系统的开发和完善。

3. 2014 年世界首富

《2014 星河湾胡润全球富豪榜》发布比尔·盖茨位居全球十大富豪之首。59 岁的他财富比 2013 年增长 700 亿美元，达到 4100 亿美元，三年来首次从墨西哥人斯利姆手中夺得“胡润全球首富”桂冠。比尔·盖茨目前是微软新一任 CEO 塞特亚·纳德拉的技术顾问。

4. 送给世界的 8 个厕所

2008 年 6 月 27 日，盖茨正式退休，但仍担任微软董事长以保证公司的运营，并把 580 亿美元个人财产捐到比尔·梅琳达·盖茨基金会，他在他的遗嘱中宣布拿出 98% 给自己创办的以他和妻子名字命名的“比尔和梅琳达·盖茨基金会”，这笔钱用于研究艾滋病和疟疾的疫苗，并为世界贫穷国家提供援助。

2.3　马云与阿里巴巴

引　入

美国东部时间 2014 年 9 月 19 日早 9 点 30 分，中国电子商务巨头阿里巴巴集团 8 位客户代表敲响了纽交所开市钟，正式宣布阿里巴巴集团登陆纽交所，上市挂牌交易。这 8 位客户代表是两位网店店主、快递员、用户代表、一位电商服务商、网络模特和云客服，还有一位是来自美国的农场主皮特·维尔布鲁格。皮特·维尔布鲁格的果园盛产车厘子，而这些水果通过天猫卖到了远在地球另一端的中国。阿里巴巴此次 IPO（首次公开募股，Initial Public Offerings）规模打破了世界纪录，融资额度超过 250 亿美元，阿里巴巴上市后市值超 2000 亿美元，其创始人马云因此登顶中国首富宝座。

“互联网行业有两个半，一个是阿里系，一个是腾讯系，那半个则是百度系。”这是个流传已久的看法。阿里巴巴圈的是产业链，腾讯圈的是用户，百度圈的则是信息。

这里首先说说马云与阿里巴巴。

1. 马云黎明前的摸索

1964 年 9 月 10 日，马云出生于杭州西子湖畔一个十分普通的家庭，由于家庭出身问题以及他的调皮，马云在长辈们的棍棒和玩伴们的欺辱中长大。经过两次高考落榜后，第三次终于考上了杭州师范学院，毕业后进入杭州电子科技大学任教。凭借出色的工作表现，其在 1995 年被评为杭州十大杰出青年教师。但由于受互联网未来的触动，1995 年马云辞去了大学老师的工作开始创业之路。

一次偶然的机会，马云接触到了互联网，兴奋之余，他决定与美国西雅图的朋友合作开发中国黄页项目，美国朋友负责技术，他负责在国内做一个网页宣传。但当时大多数人都上不了网，大家根本不知道互联网是怎么一回事，马云又是凭借着什么来推销他的“中国黄页”呢？用马云的话说：“那时候可以说是惨不忍睹啊，就跟骗子似的。我们当时跟所有人都说，有这么一个东西，然后如何做。”马云像着了魔一般到处“布道”宣讲互联网，从望湖宾馆、钱江律师事务所、杭州第二电视机厂到无锡小天鹅、北京国安足球俱乐部，至此马云的中国黄页开始在圈子里小有名气。就在 1999 年年底，网站的营业额竟不可思议地做到了 700 万元，马云也挖到了人生第一桶金。经过一番努力，局面虽然慢慢打开，但由于收入的大头被美方拿走，中国黄页没剩下多少钱。于是，马云开始自己做网页。1997 年，马云和他的团队在北京开发了外经贸部官方站点、网上中国商品交易市场、网上中国技术出口交易会、中国招商、网上广交会和中国外经贸等一系列国家级站点。

直到 1999 年在新加坡参加亚洲电子商务大会后，马云萌生了开始亚洲独特模式即商人对商人（Businessman To Businessman）的电子商务的想法，决定要办一家电子商务公司，为中小企业服务。经过几个月的筹备建设，www. alibaba. com 在互联网上出现了，很快效果立竿见影。一个青岛商人，每年从韩国进口一种设备，他坚信设备的产地其实就是中国，但他绞尽脑汁也无法找到中国厂家。后来他偶然发现了阿里巴巴，然后在上面发了一条求购信息，不料几天之内就同该设备的中国厂家联系上了。令他惊奇的是，该厂家竟然就在青岛。还有一个例子，众所周知，徽章等小商品多半出自浙江，如果这种企业在东北，哪有人理？但就有这样一家东北企业聪明地利用了网络，他们每年从网上搜集义乌、温州企业的最新产品图样，接着从当地购回样品照着生产，然后再到阿里巴巴上发布信息寻找买家。一年下来，他们 46 个买家中有 44 个来自阿里巴巴网站。由于马云抓住了商人最关心的焦点——买与卖，让商人把求购及求售商品的资料免费“贴”在“阿里巴巴”的网站上，很快网站便吸引了全世界商人的兴趣。一传十，十传百，阿里巴巴网站在商业圈中声名鹊起。

于 2000 年年底，阿里巴巴会员就在以每日增长一两千的速度发展，每天可收到 3500 条商品供求信息，700 余种按类别和国别分类的商品信息。一个想买 1000 支羽毛球拍的美国人可以在阿里巴巴上找到十几家中国供应商，了解到各方价钱和合同条款。位于中国西藏和非洲加纳的用户，通过阿里巴巴网站，也能“走”到一起，成交一笔只有在互联网时代才可想象的生意。2001 年 12 月 27 日，阿里巴巴“中国供应商”会员达到 100 万人，成为全球第一个达到此数码的 B2B 网站。从此，阿里巴巴开始被业界公认为全球最优秀的 B2B 网站。

2. 阿里巴巴势不可当

在 B2B 领域站稳脚跟的阿里巴巴，不局限于此，大动作接二连三，发展劲头势不可当。

（1）淘宝网

2003 年专做 B2B 生意的马云一反常态，投资 1 亿元人民币，建立了一个做 C2C、名字叫做淘宝的网站。通过口碑相传的方式淘宝网迎来了第一批会员，与此同时马云移植阿里巴巴“客户第一”的价值观，以优良的服务快速聚集了很高的人气。2005 年 3 月，亚洲零售在线援引中国上海市场调研公司 iResearch 的统计数据，淘宝网已经成为中国 C2C 电子商务市场排名第一的网站，淘宝网每天的用户增长数平均为 19025 名。在 2005 年第一季度，淘宝网的成交额为 10.2 亿元。自 2003 年 5 月 10 日成立以来，淘宝网从零做起，短短两年时间就迅速占领了国内个人交易市场的领头羊位置，创造了互联网企业的一个发展奇迹。

淘宝网 2005 年成交金额破 80 亿元，超越沃尔玛。2007 年，淘宝的交易额实现了 433 亿元，比 2006 年增长 156%。2008 年上半年，淘宝成交额就已达到 413 亿元。2009 年全年交易额达到 2083 亿元人民币。

2012 年 11 月 11 日，截至上午 8 点 16 分，开始 8 个小时的天猫“双 11”购物节，支付宝交易额已经达到 50 亿元，接近 2011 年“双 11”全天淘宝和天猫的总交易额。“双 11”全天，淘宝天猫平台交易金额已经达到 191 亿元。

2013 年 11 月 11 日零时，开场仅 1 分钟成交的订单数量达到 33.9 万笔，总成交金额达到 1.17 亿元。第二分钟，成交数字突破 3.7 亿元。到了零时 6 分 7 秒，成交额直接冲上 10 亿元。截至 11 日 24 时，“双 11”天猫及淘宝的总成交额破 300 亿元，达 350.19 亿元。

2014 年的“双 11”，淘宝 + 天猫成交额再次刷新记录，达到 571 亿元。

2015 年的“双 11”，淘宝 + 天猫成交额再次刷新记录，达到 912 亿元。

2016 年天猫“双 11”启动话音刚落，就以超凡气势开场，20 秒交易额过 1 元、52 秒交易额上 10 亿元、6 分 58 秒破 100 亿元。“双 11”刚过半，12 小时 29 分 26 秒，交易额已经达到 824 亿元，超过了 2015 年全国社会消费品日均零售额。最终，2016 年天猫“双 11”全球狂欢节以 1207 亿元留给世界一个大大的惊叹号！

（2）支付宝

马云一直相信：只有解决了安全支付问题，才能够做到真正的电子商务。于是，在 2003 年 10 月 18 日，淘宝网试探性地推出了支付宝服务，其运作的实质是以支付宝为信用中介，在买家确认收到商品前，由支付宝替买卖双方暂时保管货款的一种增值服务。

支付宝基本使用流程如图 2-7 所示。

在短短的一年时间里，就收到了不错的效果。马云称使用支付宝进行网络交易的人群已占到淘宝网一半的比例，在线商品的 70% 已经通过支付宝进行交易。但支付宝的使用范围不仅仅限于阿里巴巴网站、淘宝网站，支付宝努力向中国所有电子商务企业提供支付平台支持，相当多的兄弟企业的超级买家和卖家也选择用支付宝作为主要的网上交易支付工具。

2005 年 4 月 20 日，支付宝与 VISA 中国达成战略合作协议，即日起持 VISA 国际卡的网民可以直接在支付宝上“刷卡”消费，同时享受“VISA 验证服务”和支付宝“安全支付”这两项国际先进的网上安全支付服务。简单地说就是，只要你手上有一张 VISA 卡，无论这张卡是招行、工行、农行还是中国银行所发，也无论这张卡是国内的还是国外银行所发，无论卡里所有的是人民币还是美元，你都可以通过支付宝进行网上购物和消费。

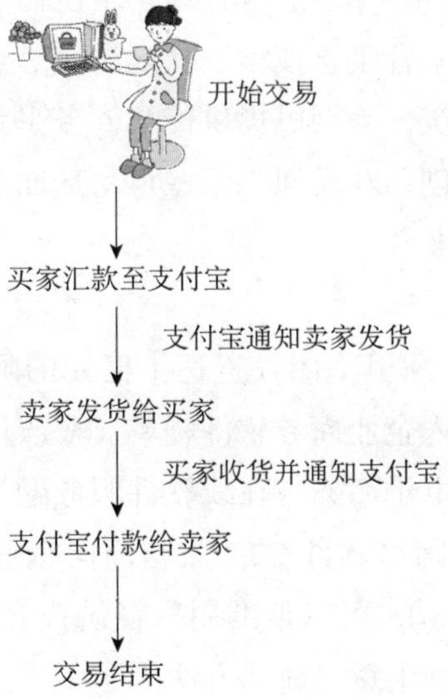

图2-7　支付宝使用流程

2013 年，支付宝为个人用户打造了一项余额增值服务——余额宝。通过余额宝，用户不仅能够得到收益，还能随时消费支付和转出，像使用支付宝余额一样方便。用户在支付宝网站内就可以直接购买基金等理财产品，同时余额宝内的资金还能随时用于网上购物、支付宝转账等支付功能。转入余额宝的资金在第二个工作日由基金公司进行份额确认，对已确认的份额会开始计算收益。截至 2015 年年初，余额宝规模已超过 2500 亿元，客户数超过 4900 万户，天弘基金靠此一举成为国内最大的基金管理公司。

（3）雅虎中国

如果说互联网改变了全世界人民的生活，那么改变了美国人生活的理所当然就是雅虎。对整个互联网产业来说，雅虎曾经是一面旗帜。但其在中国却遭遇了严重的水土不服，在中国的知名度远不及三大门户。为了将雅虎中国带出困境，雅虎中国联合创始人杨致远意图借助马云所聚集的中小商人与搜索的相关性，以及马云团队所具有的创造性，完成雅虎中国此前一直没能达到的突破。于是，有了 2005 年的阿里巴巴收购雅虎事件。

从 2005 年 8 月开始，雅虎的门户从底层开发到页面表现一直在不断改版中，此外，在 2007 年，通过与传统媒体如“雅虎搜星”、《赢在中国》、“雅虎·娱乐任我行”合作，同时开启雅虎站长天下平台 NCP 2.0，雅虎的成长有了质的飞跃。

作为新一代电子商务操作系统，NCP 2.0 在整合了搜索、社区、资讯的基础上整合了行业需求。通过融合垂直搜索、社区聚合、支付宝、阿里妈妈广告需求匹配工具和阿里购物等系统，为网民提供传播商务平台，让用户免费建站，在站点下管理音乐、图片、原创、互动问答等栏目，从而为各类商业机构和个人提供全方位的电子商务解决方案。

（4）阿里旺旺

于 2007 年 1 月 8 日，阿里集团投资达 1 亿元的阿里软件正式成立，进而对外宣布了阿里集团全面进入企业商务软件领域。一改依靠卖产品为中心方式的传统软件模式，阿里软件将电子商务与在线软件服务融为一体，共推出阿里软件外贸版、阿里软件内贸版、阿里软件 C2C 版与面向企业和电子商务用户的即时通信产品阿里旺旺（见图 2-8），可以帮助用户轻松找客户，发布、管理商业信息，及时把握商机，随时洽谈做生意，简洁方便。

图 2-8 阿里旺旺

（5）来往

2013 年 9 月 23 日，阿里巴巴集团正式发布新一代好友互动平台“来往”（见图 2-9）。这也是阿里巴巴新成立网络通信事业部后，首个对外正式亮相的集团核心级项目，其核心功能是实现熟人之间的社交。

图2-9 来往

除了语音、文字等基本的通信功能之外，来往的定位是建立一个熟人之间沟通、交流、分享的社交平台。支持单人、多人参与，通过手机网络发送语音，图片、文字等，并可以使用来往随时随地联系身边的朋友，分享心情。来往增加了“阅后即焚”、“咻一咻”加好友等用于私密社交的功能，并扩充了群聊人数至 500 人、推出免费贴图表情等，同时通过特色功能扎堆，以兴趣导向引导用户结交新朋友。来往是网络通信事业部的业务之一。

2.4　马化腾与腾讯

引　入

微信的火爆影响到了线下，且不谈 O2O 营销已经来临，这一继微博之后的营销热潮正越演越烈，各行各业无不虎视眈眈。腾讯官方对于微信的战略定位，重点显然是放在线上与线下相结合的 O2O 模式。目前微信自身产品也在不断更新迭代中，用于实际营销的线下商家并不多，也有不少商家开始尝试使用微信来招揽消费者。

微信营销将会慢慢渗透到生活中的方方面面。日常吃喝作为普通老百姓的刚需而言，面对日益激烈的市场竞争，差异化竞争手段也不再是唯一的选择，微信或许将成为未来商家打赢营销战的利器。移动互联网浪潮滚滚而来，要么顺潮而下，要么被潮水淹没，最可怕的是你还没有意识到就已经被市场淘汰了。

微信占领了我们的生活，微信改变了我们的生活，公交车上在刷微信，马桶上在刷微信，边吃饭边刷微信，工作一会就刷微信，甚至和朋友吃饭聚会都在刷微信，睡觉前的最后一个动作就是在那使劲地刷微信。

在中国，或许有许多人不知道马化腾是何许人，但很少有人不知道那个以可爱的小企鹅形象为代表的聊天工具——QQ。马化腾创建的腾讯公司就是靠着这个聊天工具改变了许多中国人的沟通习惯，并造就了一个充满传奇的企鹅帝国。

1. 马化腾的创业前传

1971 年 10 月，马化腾出生于广东省汕头市潮南区成田镇一个普通家庭。学生时代的他成绩非常优秀，高考之后，就近上了深圳大学的计算机系，求学期间即对编写软件和研究计算机网络产生了浓厚的兴趣。当时正值股市疯涨，在深圳炒股几乎成了一项全民“运动”。针对这种情况，在校的马化腾升级了一个“股票分析系统”，不久以 5 万元的价钱卖给了黎明网络公司（腾讯主要创办人之一张志东在创办腾讯之前就在这家公司工作）。在深圳大学的岁月，马化腾既可以成为各种病毒的克星，又可以为学校的PC维护提供解决方案，他的这种计算机天赋让老师同学刮目相看。

1993年，马化腾从深圳大学毕业，进入润迅通信发展有限公司，从专注于寻呼软件开发的软件工程师一直做到开发部主管。

1997年，马化腾第一次认识了ICQ。ICQ是“I Seek You”的缩写，意为我在找你，俗称网络寻呼机，是由犹太人维斯格、瓦迪和高德芬格三人之间互相联系的小软件。但由于这款软件十分受欢迎，他们因此成立了公司，定名为Mirabilis，正式向人们提供ICQ服务。最后，他们以2.87亿美元将ICQ出售给全球最大的网站之一“美国在线”，从此ICQ走向了世界。

1998年，带着对互联网事业的热诚和对自己能力的信任，马化腾拿着母亲的退休证注册了深圳腾讯计算机系统有限公司（当时注册公司要求有退休证或待业证）。腾讯中的“腾”取自他自己的名字，表明公司和自己密切相关，加之，“腾”也有腾飞、发达的意思。后缀为“讯”，更多是因为老东家润迅对马化腾的影响。公司成立3个月后，推出了QQ的前身OICQ（OPENICQ意为打开ICQ），其模仿ICQ（由于OICQ这个与ICQ太过类似的名字后来给马化腾带来了不大不小的麻烦，同时也成就了QQ），同时一直按照用户的反馈调整软件，凭借简洁、实用的风格以及诸项细心的设计，首先在高校一炮打响，然后凭借高校为中心，以令人吃惊的速度传播开来。

2. 腾讯的发展壮大

最初的腾讯虽然用户数激增，但收入却为零，直到推出移动QQ才实现正现金流，并且通过随后的各项增值服务、游戏、门户网站等业务进一步发展壮大，从而使马化腾获得“2005年中国十大最具影响力财富人物”、“2006年中国IT十大财经人物”、美国《时代》2014年度全球100人等诸多头衔。

（1）移动QQ成就正现金流

2000年马化腾和广东移动草签了合作协议，通过网络与移动的合作，使QQ用户能和广东地区的移动用户通过移动QQ和手机短信，随时随地实现信息互通。移动QQ成为互联网史上第一个3G产品。

马化腾利用广东高度发达的移动通信技术，提供“无线QQ”，并凭借良好的收费机制而日进斗金。到2001年，腾讯已经和全国所有省市的运营商建立了合作。到2001年7月，腾讯就实现了正现金流，到2001年年底，腾讯实现了1022万元人民币的纯利润。

（2）虚拟商品增值服务

据国外媒体报道，依靠出售虚拟商品就能获得 10 亿美元收入的完美商业模式似乎是书本上的传说，但马化腾在中国做到了。

2003 年，QQ 秀对用户开放。QQ 秀这种带有游戏性质的虚拟装备，给 QQ 用户选择虚拟着装的权利，在卡通形象基础上，更增加了时尚青春形象，同时强化了趣味性和社区属性，完全将时尚和娱乐融合在一起。马化腾盘算，如果每个用户愿意花 1 ~ 2 元的话，仅 QQ 秀收入就不敢想象。马化腾此次独到的眼光又一次为腾讯挣到了钱，2004 年前三季度，腾讯赢利达到 3.28 元。

除了 QQ 秀外，腾讯的非游戏的互联网增值服务还包括 QQ 空间和 QQ 宠物。

QQ 空间是国内第一家实现大规模赢利的博客服务。QQ 空间可以免费使用，并能获得简单的模板和礼品，但大多数用户会为了得到更高级的服务而付费，QQ 空间通过出售虚拟商品获利。与 QQ 秀不同的是，QQ 秀只能卖衣服、背景和道具，而在 QQ 空间里，大到桌椅板凳，小到鲜花野草都可以卖。现实中大部分能卖的东西，理论上在 QQ 空间里面也能卖。现实中用户不能满足买很多衣服的欲望，但在 QQ 空间里面就可以做到。

据估计，我国目前至少有宠物 1 亿只，宠物经济的市场潜力巨大。于是，马化腾做起了圈养宠物的买卖，并把这些圈养的宠物命名为“QQ 宠物”。憨厚的神态，幽默的语言，矫健的动作，原本只会乖乖待在 PC 桌面右下角的小企鹅，开始活跃在 QQ 用户的桌面上。一个从 Windows 95 时代就存在的所谓虚拟宠物的概念，被打造成为日进斗金的王牌产品。

（3）涌入游戏产业

腾讯从 2003 年开始涉足游戏，正好赶上了游戏的黄金时期。

首先，以 QQ 捆绑的方式进入休闲游戏，短短一年间，腾讯 QQ 游戏的最高同时在线从其试运营第一天的 100 人发展到 62 万人，标志着 QQ 游戏成了国内最大乃至世界领先的休闲游戏门户。

2005 年 11 月，腾讯历时 2 年，完全自主研发、自主运营的大型卡通角色扮演多人在线网络游戏《QQ 幻想》问世，公测当天同时在线人数突破 13 万。同时《QQ 幻想》被列入新闻出版总署评定的第二批“中国民族网络游戏出版工程”。直到 2007 年腾讯才推出一款中型游戏“QQ 三国”。在接下来的几年，腾讯又先后推出了“QQ 飞车”、“地下城与勇士”、“穿越火线”、“幻想世界”、“英雄联盟”等多款广受好评的游戏。

从腾讯的角度来讲，网游策略是争夺新兴领域，比如细分化的休闲竞技、竞速、赛车、舞蹈等新类型领域。腾讯的网络游戏自成体系，且涵盖了很多种类型的游戏方式，有自主研发的小游戏，也有代理运营和合作开发的大型网络游戏，商业灵活性强，完全可以应对游戏市场格局的各种调整。

（4）建立门户网站

追溯腾讯的门户之路，只比三大门户晚了一点点。2000 年 6 月，腾讯网站成立之初，正是新浪、搜狐、网易三大门户网站遥相呼应三足鼎立之时。当时，就有好事的媒体询问马化腾，将来是否会把网站作为业务重点来经营，得到的答案自然是否。当时的腾讯一切宗旨都是为了 QQ 服务。时隔三年，2003 年 11 月上旬，腾讯推出了自己的娱乐型门户网站 qq.com。

有了自己的门户网站后，在线广告就可以大展宏图了。网络广告现如今已成为腾讯增速最高的一项收入来源。当然，除了广告之外，门户网站在短信、网络游戏、新闻定制等方面的应用也很广泛。

（5）进军 C2C 市场

2005 年腾讯提出了领先的“在线生活”发展战略，给所有互联网用户描绘了一个提供一站式全价值链服务的精彩虚拟空间的宏伟蓝图。在不断完善在线生活战略布局的驱动下，腾讯于 9 月成功地推出了 C2C 电子商务拍卖平台“拍拍网”。凡是拥有腾讯 QQ 号码的人，都自动成为拍拍网的会员，用 QQ 号码登录后自由购物，实现边聊边买。

与拍拍网一起推出的还有一个类似于淘宝支付宝的产品——财付通。财付通可以说是完全模仿了支付宝，依靠拍拍网的庞大用户群体（拍拍网的用户群体也来自于 QQ），然后利用 QQ 庞大的用户群获得了很好的市场份额。

（6）推出 SOSO 搜索引擎

2005 年腾讯通过与谷歌合作进入搜索领域，2006 年 3 月旗下的 SOSO 网（www.soso.com）正式上线运营。自 2009 年 7 月起，SOSO 的用户到达量已升至第二位，仅次于百度。自 2009 年 9 月，腾讯使用自主研发的搜索技术代替了谷歌技术。2010 年 2 月，腾讯开始使用自己的移动搜索技术。

（7）推出微信

在 2011 年 1 月 21 日诞生的时候，微信给人最直观的印象是手机上的聊天工具，连它自己的第一个版本也这么说，自己能“收发消息、拍照分享、联系朋友”。到了第二年 4 月，微信 4.0 中启动页面第一句话又告诉所有人，这不是一个聊天工具——“微信是一个生活方式”。

2.5 李彦宏与百度

引 入

百度搜索引擎，现在在我们的生活中必不可少，现在只要一上网，好多人的访问主页用的就是百度的网页，然后才进去搜索自己想要的信息。而且百度影响着我们的方方面面，在百度里我们得到了自己的知识，也找到了自己想要的信息，不管是电视还是电影，甚至是新闻八卦，我们都可以在百度获得到。

百度，全球最大的中文搜索引擎、最大的中文网站，2000 年 1 月由李彦宏创立于北京中关村，已成为中国最具价值的互联网品牌之一。

1. 李彦宏的成长之路

1968 年，李彦宏生于山西阳泉。1987 年，考上北京大学信息管理专业，后赴美国布法罗纽约州立大学完成计算机科学硕士学位。在美国 8 年间，先后担任道 · 琼斯公司高级顾问，《华尔街日报》网络版实时金融信息系统设计者，国际知名互联网企业 Infoseek 资深工程师。最先创建 ESP 技术，并将它成功应用于 Infoseek/go.com 的搜索引擎中。1999 年年底，携风险投资回国与好友徐勇共同创建中国最大的搜索引擎公司——百度网络技术有限公司。

2. 百度——全球最大中文搜索引擎

“众里寻他千百度，蓦然回首，那人却在灯火阑珊处。”热爱中国文学的李彦宏从辛弃疾的这首著名宋词《青玉案》中获取灵感，并选取“百度”作为公司的名字。

百度拥有数千名研发工程师，这是中国乃至全球最为优秀的技术团队，这支队伍掌握着世界上最为先进的搜索引擎技术，使百度成为中国掌握世界尖端科学核心技术的中国高科技企业，也使中国成为美国、俄罗斯、韩国之外，全球仅有的 4 个拥有搜索引擎核心技术的国家之一。

百度坚持技术创新，致力于为用户提供“简单，可依赖”的互联网搜索产品及服务，其中包括：以网络搜索为主的功能性搜索，以贴吧为主的社区搜索，针对各区域、行业所需的垂直搜索，MP3 搜索，以及门户频道，IM（Instant Messaging，即时通信）等，全面覆盖了中文网络世界所有的搜索需求，根据第三方权威数据，百度在中国的搜索份额超过 80%。如今的百度，俨然已成为中国最受欢迎、影响力最大的中文网站。

百度的搜索引擎具有三大特点。

（1）核心技术：超链分析

超链分析技术，是新一代搜索引擎的关键技术，已为世界各大搜索引擎普遍采用，百度总裁李彦宏就是超链分析专利的唯一持有者。在学术界，一篇论文被引用得越多就说明其越好，学术价值就越高。超链分析就是通过分析链接网站的多少来评价该链接的网站质量，这保证了用户在百度搜索时，越受用户欢迎的内容排名越靠前。

（2）更大、更新、更快

百度在中文互联网拥有天然优势，支持搜索数百亿的中文网页数据库，是世界上最大的中文搜索引擎。并且，百度每天都在增加新网页，对重要中文网页实现每天更新，用户通过百度搜索引擎可以搜到世界上最新最全的中文信息。此外，百度在中国各地分布的服务器，能直接从最近的服务器上，把所搜索的信息返回给当地用户，使用户享受极快的搜索传输速度服务。

（3）为中文用户量身定做

百度深刻理解中文用户搜索习惯，开发出关键词自动提示：用户输入拼音，就能获得中文关键词正确提示。

百度还具有中文搜索自动纠错功能。如果用户误输入错别字，可以自动给出正确关键词提示。

百度快照是另一个广受用户欢迎的特色功能，解决了用户上网访问经常遇到死链接的问题：百度搜索引擎已先预览各网站，拍下网页的快照，为用户储存大量应急网页。即使用户不能链接上所需网站，百度为用户暂存的网页也可救急。而且通过百度快照寻找资料往往要比常规方法快很多。

百度还有其他多项体贴用户的功能，包括相关搜索、中文人名识别、简繁体中文自动转换、网页预览等。

3. 百度新动向

随着中国互联网从 PC 端向移动端转型，百度也在积极加大对移动和云领域的投入和布局，不断把 PC 领域的优势向移动领域扩展。

为了满足移动互联网时代，广大网民的搜索需求，百度移动搜索提供了多入口化的搜索方式，包括网页版移动搜索、百度移动搜索 APP 以及内嵌于手机浏览器、WAP（Wireless Application Protocol，无线应用通信协议）站等各处的移动搜索框，因此能够快速、全面、精准地提供搜索服务。多入口的架设也让百度移动搜索牢牢掌握了移动互联网的制高点。凭借着百度移动搜索、百度手机地图、百度语音助手等，百度形成了全方位、立体化的产品矩阵与完整布局，延续了其在传统互联网领域的入口优势。凭借着领先的技术、创新的功能以及良好的使用体验，百度移动获得了 2012 年度移动互联网最佳创新应用奖。而根据 CNNIC《2012 中国网民搜索行为研究报告》数据显示，百度搜索在手机用户中的渗透率达到 96.9%，用户首选率已经达到 88.5%。

百度在开放自身的核心云能力（包括云存储、云计算和大数据智能）的基础上，为广大开发者和最终用户提供的一系列云服务和产品。其服务的对象包括开发者和个人用户两大群体，推出了百度开发者中心网站，并建立开发服务、运营服务、渠道推广以及变现四大服务体系，为开发者构建平等、开放、共赢的生态系统。2012 年 8 月，百度云计算（阳泉）中心在山西省阳泉市奠基，预计 2016 年建成。建成后的云计算（阳泉）将在数据存储规模、计算能力和环保节能等三方面都将达到亚洲一流水准。据规划，建成后的百度云计算中心数据存储量超过 4000PB，可存储的信息量相当于 20 多万个中国国家图书馆的藏书总量；同时由于使用了百度自主研发的高性能、低功耗服务器，数据中心 CPU 总量高达 70 万颗、CPU 内核总数超过 300 万个。此外，数据中心采用多项适用中国环境及法规的高科技技术来提升整体数据中心的能源效率，可实现节能约 43%。

第3章

信息技术与生活

人类正以超乎我们想象的速度走出工业文明时代，而步入信息时代。信息时代的到来，改变着我们的生产方式和生活方式，而且也改变着我们的思维和学习方式。信息技术的发展，已经切切实实地影响到我们生活的方方面面，信息技术已超乎前所未有的时空距离，数字化、网络化、智能化已成为我们日常交谈中最多的话题，是我们不可或缺的生活模式和生存方式。信息技术已经侵入到我们生活的每个角落：公交卡、通信、办公、网络、数字电视、媒体、超市等都需要用到信息技术。信息技术的发展改变着世界，使我们的许多幻想逐渐成为现实。

信息技术的广泛应用促进了人们的工作效率和生活质量的提高，人们的工作方式和学习方式也正在发生转变。足不出户可知天下事，人不离家照样能办事。一部分人可以由原来的按时定点上班变为可以在家上班，网上看病、网上授课、网上学习、网上会议、网上购物、网上洽谈生意、网上娱乐等成为人们一种新型的生活方式。

3.1 信息技术与消费

引　入

曾经的“双11”被戏称为“光棍节”，可是如今似乎没人关心身边人“脱单”的事，更多的人在关心“抢单”，有没有抢到心仪的商品。每年的“双11”各路“淘宝英雄”都在这一天各显身手。“年购物额度没有5万元，每月消费没有超过10次，你都不好意思喊剁手了！”这是最近网络里一句极富调侃的话，即便准入门槛苛刻，很多人也当之无愧。站起身来随便数一数，我们自己是不是也有很多东西是网购来的，或许去年的“双 11”抢购的洗面奶，到今天还没用完。翻遍储藏间，压箱底的东西也比比皆是，痛定思痛，很多人在高喊：“再网购就剁手。”但是还是每年“双 11”，还是年年捧场。

现在，传统的购物方式已经受到极大的挑战，网上购物以其方便、高效、价优的特点越来越受到人们的欢迎。网上商品以其自身的优势，诸如其价格较一般商场的同类商品便宜，同时大家还可以在家“逛商场”，在网上尽情地挑选，订货也不受时间的限制，所以网上购物已成为很多人购物的首选。这种购物方式，无论对消费者、企业还是市场都有着极大的影响力和吸引力，是一种实现“多赢”效果的理想模式。

1.C/S 模式

引　入

网络进入百姓家，聊天如今已成为时尚。即时聊天工具使亲友的沟通突破时空极限，使陌生人的沟通突破环境极限，使自我与外界的沟通突破心理极限。目前几种主要即时通信软件：ICQ，最早的网络即时通信工具，它改变了整个互联网的交流；QQ，国内最流行的即时通信工具；MSN，软件巨头微软开发的即时通信工具，并嵌进了 Windows XP 操作系统里，并拥有大量的用户群；Yahoo Messenger，Yahoo 同样推出自己的聊天工具 Yahoo Messenger（雅虎通），支持多种操作系统。

聊天工具的鼻祖 ICQ 就是英文“I SEEK YOU”简称，中文意思是“我找你”。在 Internet 诞生的初期，人们一般只能用它来浏览消息和收发电子邮件。后来，以色列的 3 个年轻人一起决定开发一种软件，充分利用因特网即时交流的特点，来实现人与人之间快速直接的交流。1996 年 7 月，这 3 个年轻人推出了第一个即时通信软件——大名鼎鼎的 ICQ。在你上网时，用 ICQ 很快地找出你的朋友，当然他也必须装上这个软件。

QQ，国人自己最流行的聊天工具，马化腾凭着这个小小的即时通信软件撰写了深圳版的硅谷传奇。腾讯 QQ 支持在线聊天、视频通话、点对点断点续传文件、共享文件、网络硬盘、自定义面板、QQ 邮箱等多种功能，并可与多种通信终端相连。

QQ 聊天软件主要采用的是 C/S 模式架构，即 Client/Server 模式，中文翻译成客户机和服务器模式，服务器通常采用高性能的计算机，并采用大型数据库系统，客户机需要安装相应的客户端软件。它是应用系统软件体系结构，通过它可以充分利用客户端和服务器端硬件环境的优势，将任务合理分配到客户端和服务器端共同来完成，从而降低系统之间的通信开销。由于互联网的应用开始普及，现在的软件应用系统正在向分布式的Web应用发展，Web和Client/Server应用都可以进行同样的业务处理，因此，无论内部的和外部的用户，都可以访问新的或现有的应用系统，通过现有应用系统中的逻辑然后扩展出新的应用系统。

（1）工作方式

C/S模式的基本原则是将计算机应用任务分解成多个子任务，由多台计算机分工完成。客户端完成数据处理，数据表示以及用户接口功能；服务器端完成数据库管理系统的核心功能，如图3-1所示。

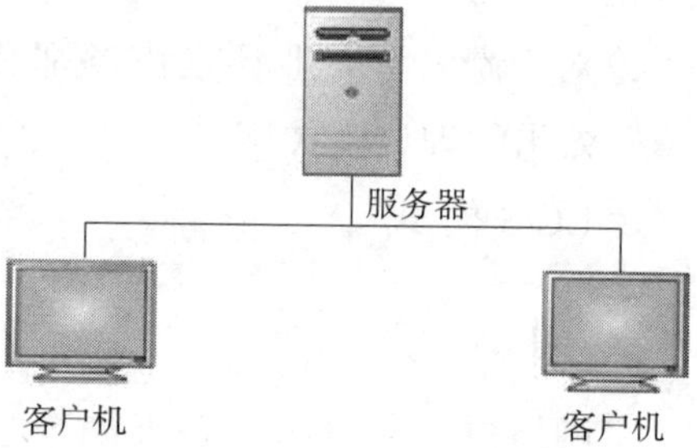

图3-1　C/S模式架构

客户机和服务器通常分布在不同地理位置，客户端程序的任务是将用户的要求提交给服务器程序，然后将服务器程序的结果以特定的形式返回并显示给用户；返回程序的任务是接收客户程序提出的服务请求，进行相应的处理，再将结果返回给客户程序。

（2）优势

C/S模式的优势是能充分发挥客户端计算机的处理能力，很多工作可以在客户端处理之后再提交给服务器端，从而可以提高客户端的响应速度。具体体现在下面两点：

① 交互性强。最简单的C/S模式的数据库应用由两部分组成，也就是客户应用程序和数据库服务器程序。一旦服务器程序被启动，就随时等待响应客户程序发来的请求；当需要对数据库中的数据进行任何操作时，客户程序就自动地寻找服务器程序，并向其发出请求，服务器程序根据预定的规则，得到相应的结果，并把结果反馈给客户程序，应用服务器运行数据负荷较轻。

② 数据存取较为安全。在数据库应用中，数据的储存管理功能，是由服务器程序和客户应用程序分别独立进行的，并且通常把例如访问者的权限，编号可以重复等这样的规则在服务器程序中集中实现。所有这些，对于客户端的最终用户，是“透明”的，他们无须过问这些过程，就可以完成自己的

工作。

（3）劣势

随着互联网的快速发展，移动和分布式的办公方式正变得越来越普及，这就要求我们的系统具有可扩展性。这种远程访问的方式需要专门的技术和系统来设计处理分布式的数据。

客户端需要安装专用的客户端软件，所以首先涉及到安装的工作量问题，其次是任何电脑问题如病毒、硬件损坏，这些都需要进行安装或维护。特别是，有许多分支机构的情况，工作量倒不是很大问题，主要是路程的问题。同时，系统软件升级，每台客户机将需要重新安装，其维护和升级成本都会很高。

另外，C/S 模式在特定的应用中无论是客户端还是服务端都还需要有特定的软件支持。由于没能提供用户真正期望的开放环境，C/S 模式的软件的兼容性低，需要针对不同的操作系统开发不同版本的软件，随着产品的更新换代的速度加快，已经很难适应几百台电脑局域网用户同时使用。

C/S 架构的劣势还有高昂的投资和维护成本。首先，需要选择适当的数据库平台来实现数据库数据的“统一”，以便使分布的数据同步并完全交由数据库系统去处理，如果需要“实时”地实现数据的同步，就必须在两地间建立实时的通信连接，并保持两地的数据库服务器都能在线运行，网络管理人员需要同时对服务器和客户端进行维护和管理，这样会造成维护成本高，维护任务量又很大情况，而且还需要复杂的技术支持。

2.B/S 模式

引　入

美国东部时间 2014 年 9 月 19 号上午，阿里巴巴在纽交所成功上市。阿里巴巴是中国的一个“神话”。它的名字将会和 Google、Facebook、Amazon 一起，被视为全球最有价值的科技公司之一。

由马云一手缔造的阿里巴巴，目前是中国最大的电子商务集团，主要经营业务由阿里巴巴 B2B、淘宝网、天猫网、阿里云等构成，为全球 650 多万商家和近 3 亿消费者提供电商服务。2012 年淘宝和天猫两个网站的总交易额突破 1.1 万亿元人民币（约合 1700 亿美元），超过 eBay 和亚马逊两家公司的交易总额，占中国零售市场 5% 的比例。交易额并不等于阿里巴巴的收入，其主要收入来源是广告和佣金。阿里巴巴大股东雅虎的财报显示，在 2013 年 4 月到 6 月的第三财季中，阿里巴巴集团的营收为 17.37 亿美元，同比增长 61%；毛利润为 12.88 亿美元，同比增长 74%。阿里集团已经超过腾讯公司（该公司在港市值已突破 1000 亿美元），成为最赚钱的中国互联网公司。

如今，马云已将阿里巴巴打造成一个独特的电商生态系统公司：数据为土壤，底层是淘宝集市，从集市中长出了天猫、航旅、音乐等诸多业务，犹如树种，互相竞争，各有高矮。大、中、小卖家在其中优胜劣汰，支付宝和阿里金融、物流为其提供服务，阿里可利用金融、SNS、搜索等多种手段调节市场，以达到生态系统的平衡。

淘宝网站采用的就是 B/S 模式架构，即 Browser/Server 模式，中文翻译为浏览器 / 服务器模式，是 Web 兴起后的一种网络结构模式，Web 浏览器是客户端所需要的唯一应用软件，所以这种模式使客户端环境得到统一，将系统功能实现的核心部分集中到服务器方面，使系统的开发、维护和使用的成本得以降低。在客户端只要有一个浏览器（Browser）软件，如 Netscape Navigator 或 Internet Explorer，服务器安装 SQL Server、Oracle、MYSQL 等数据库。浏览器通过 Web Server 就可以同数据库之间进行数据的交互。

（1）工作方式

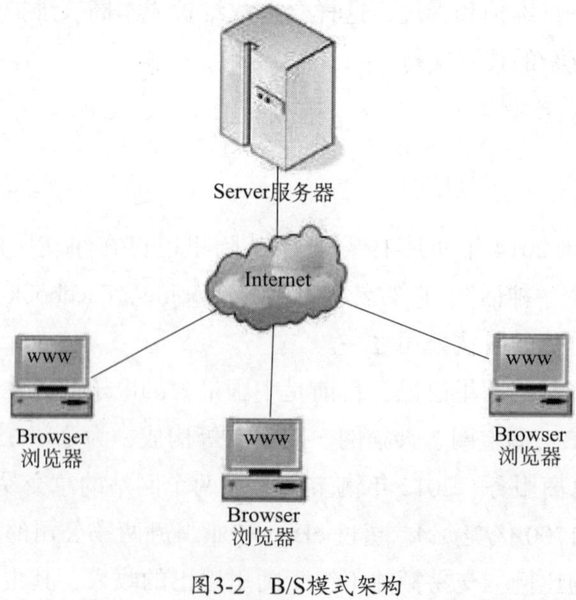

图3-2　B/S模式架构

如图 3-2 所示，在 B/S 模式中，客户端执行浏览器程序。浏览器以超文本形式向 Web 服务器提出访问数据请求。Web 服务器接受客户端请求后，如果是对静态页面的请求，就将静态页面发送给客户端；如果请求的内容需动态处理，请求将转交给动态处理程序进行组件访问，数据库访问，将数据处理结果交给 Web 服务器；Web 服务器响应来自浏览器的请求。客户端浏览器对服务器的响应进行解析，以 Web 页面形式显示到客户端。

（2）优势

B/S 最大的特点就是不限地域，而且不用安装任何专门的软件，只需要有一台安装有浏览器的计算机就能应用，换言之，客户端零安装、零维护，由此，系统的扩展非常容易。具体而言，B/S 模式的优点如下：

①分布性强，可以随时随地进行查询、浏览等业务处理。

②业务扩展简单方便。对一个相对比较大的单位来说，系统管理人员如果需要在几百甚至几千部计算机之间来回奔跑，效率和工作量是可想而知的，但 B/S 架构的软件只需要管理服务器，通过增加网页即可增加服务器功能。

③维护简单方便，只需要改变网页，即可实现所有用户的同步更新。所有的客户端只是浏览器，无须做任何的维护。无论用户的规模有多大，有多少分支机构，都不会增加任何维护升级的工作量。

④开发简单，共享性强。即便是异地，只需要把服务器连接专网，就可以实现远程维护、升级和共享。

今后，软件升级和维护会越来越容易，而使用起来会越来越简单，比如说很多人每天要访问“淘宝”网，只需要安装有浏览器即可，无须了解“淘宝”的服务器用的是什么操作系统。这对用户人力、物力、时间、费用的节省是显而易见的。

特别是随着 AJAX 技术的发展，使它的程序也能在客户端进行部分处理，从而分担了服务器的负担，并增加了交互性，使局部能进行实时刷新，所以 B/S 模式的应用也越来越多。

（3）劣势

对于 B/S 而言，客户端只能完成浏览、查询、数据输入等简单功能，绝大部分工作由服务器承担，而且开发和维护等几乎所有工作都集中在服务器端，当需要对网络应用进行升级时，只需更新服务器端的软件即可，这极大减轻异地用户系统维护与升级的成本。但是，应用服务器运行数据负荷较重，一旦发生服务器

“崩溃”等问题，后果不堪设想。具体而言，B/S 模式的缺点如下：

①个性化特点明显降低，无法实现具有个性化的功能要求。

②操作是以鼠标为最基本的操作方式，无法满足快速操作的要求。

③页面动态刷新，响应速度明显降低。

④无法实现分页显示，给数据库访问造成较大的压力。

⑤功能弱化，难以实现传统模式下的特殊功能要求。

3. 联系（C/S 与 B/S）

Client/Server 是建立在局域网基础上的，Browser/Server 是建立在广域网基础上的。

（1）硬件环境不同

C/S 一般建立在专用的网络上，小范围的网络环境，局域网之间再通过专门服务器提供连接和数据交换服务。

B/S 建立在广域网之上的，不必是专门的网络硬件环境，例如电话上网，租用设备，信息自己管理，比 C/S 有更强的适应范围，一般只要有操作系统和浏览器就行。

（2）对安全要求不同

C/S 一般面向相对固定的用户群，对信息安全的控制能力很强。一般高度机密的信息系统采用 C/S 结构较适宜，可以通过 B/S 发布部分可公开的信息。

B/S 建立在广域网之上，对安全的控制能力相对较弱，面向的是不可知的用户群。

（3）对程序架构不同

C/S 程序可以更加注重流程，可以对权限多层次校验，对系统运行速度可以较少考虑。

B/S 对安全以及访问速度的多重考虑，建立在需要更加优化的基础之上。比 C/S 有更高的要求，B/S 结构的程序架构是发展的趋势，从 MS 的 .Net 系列的 BizTalk 2000 Exchange 2000 等，全面支持网络的构件搭建的系统。SUN 和 IBM 推的 JavaBean 构件技术等，使 B/S 更加成熟。

（4）软件重用不同

C/S 程序不可避免地需要整体性考虑，其构件的重用性不如在 B/S 要求下的构件的重用性好。

B/S 的多重结构，要求构件拥有相对独立的功能。能够相对较好的重用。就如买来的餐桌可以再利用，而不是做在墙上的石头桌子。

（5）系统维护不同

系统维护是在软件生存周期中，开销大，相当重要。

C/S 程序由于整体性，必须整体考察，处理出现的问题以及系统升级难，可能是再做一个全新的系统。

B/S 构件组成方面构件个别的更换，实现系统的无缝升级。系统维护开销减到最小，用户从网上自己下载安装就可以实现升级。

（6）处理问题不同

C/S 程序可以处理用户面固定，并且在相同区域，安全要求高的需求，与操作系统相关，应该都是相同的系统。

B/S 建立在广域网上，面向不同的用户群，分散地域，这是 C/S 无法做到的，与操作系统平台关系最小。

（7）用户接口不同

C/S 多建立在 Window 平台上，表现方法有限，对程序员普遍要求较高。

B/S 建立在浏览器上，有更加丰富和生动的表现方式与用户交流，并且大部分难度减低，降低开发成本。

（8）信息流不同

C/S 程序一般是典型的中央集权的机械式处理，交互性相对较低。

B/S 信息流向可变化，更像交易中心。

4. 手机客户端

引　入

现在手机几乎成为我们人手不离的必需品。各类手机软件丰富了我们的生活和娱乐：出门前看看天气 APP，穿几件衣服、用不用带伞一目了然；地铁里公车上刷刷微博和新闻，玩个热门小游戏打发时间；用购物 APP，随时随地把心仪的物品装入购物车……生活方式改变的背后，兴起的是一个全新的，对广大用户来说又相对神秘的移动软件开发产业。

随着科技的进步，手机已经从早期单一的语音通信延伸到短信、彩信、音乐、手机杂志、搜索引擎、游戏、GPS 定位、手机支付等多元化应用，从耳、嘴和眼等人类器官功能的单一发挥，演变为多器官多功能发挥的同时进行。短信、飞信聊天、炒股、买彩票……新技术为移动办公和休闲娱乐提供了诸多便利。

图3-3 手机客户端

手机客户端（见图 3-3）就是可以在手机终端运行的软件，我们又称它为 APP 程序，是专门制作并可以运行在智能手机中的客户端程序，主要用来展示企业的业务和产品，它主要强调的是便捷性和互动性，利用手机的麦克风、摄像头、地理定位甚至重力感应等特性，实现很多特殊的功能，比如说可以实时导航、一键呼叫，拍二维码什么的，客户能够在第一时间了解业务和产品，并且这个客户端程序可以和二维码结合来推广。它也是信息产业中一个重点发展的项目，具有重要的意义。

（1）应用

随着 4G 时代的到来，手机上网已经逐渐地进入了大家的生活，手机客户端为企业提供完善、便捷、多样、高效的移动营销，手机客户端通过软件技术将公司的产品和服务介绍安装于客户的手机，相当于把公司的名片、宣传册和产品等资料一次性地派发给客户，而且客户还会主动地保留这些内容。通过手机客户端进行这些宣传的成本是很低的，是最便携的企业“宣传册”，在手机里轻松携带大容量的企业资讯，可以随时随地洽谈客户，而且也省去很多相应的成本，同时也不会随着客户数量的增加而增加各种开销成本。

（2）优势

一个手机就是一个点，那么把很多手机链接起来，就形成一个庞大的网络，它就是移动互联网。

① 更好的用户体验

本地缓存：客户可以选择一次性打包，或者浏览缓存等多种数据存储方式，以类似电脑软件的形式来处理网站数据，在过去还未见过。

动画效果：引导页动画效果、电子相册效果、视频播放效果等，都给客户在手机上耳目一新的新体验。

短信直达：商家可以以零成本来向用户推送消息；消息还带有声音提醒；在 Android 的客户端中，短消息直接插入到用户短信息中心，发送方是商家名称或者某一个手机号码呈现在手机中。

四通八达：客户端同时发布到安卓应用市场、苹果 Appstore、国内最知名的几十家应用商店中。

② 更为便捷的处理方式

无须输入，轻松浏览：不需要浏览器，不需要输入网址，甚至不需要上网，在手机上轻轻点击即可浏览企业信息内容，快捷方便。

随时随地，互联互通：支持 Andriod、iOS 系统、Web，甚至智能电视等多种访问，无论身在何地，你都可以通过手机第一时间把公司最新资料和产品信息传递给任何地方的客户，让营销一步到位。

宣传手册，想发就发：企业和产品资料通过存储在手机上。无论何时何地，遇见何人，你只要打开手机即可让对方浏览到企业产品和服务信息。让你不错过任何一次宣传和推销。

相互推荐，瞬间完成：点击推荐给好友，选择好友名单，自动发送到好友的手机中，好友点击链接即可下载安装客户端软件。

（3）战胜竞争对手

无须依靠，自主营销：企业定制自己的手机客户端，可以通过自己的手机客户端来进行一揽子的移动营销，营销信息直达客户眼球。

多方显示，海量存储：具备丰富的信息容量，无论是企业信息还是产品资料，你都可以让它们通过多媒体的方式在手机上呈现。

资料更新，一步到位：新产品、新服务或者新信息发布，更新一步到位。无论你有何信息或者产品资料更新，只需要更新一次。客户的手机客户端内容会在他们浏览的时候自动同步更新。

手机客户端为企业提供完善、便捷、多样、高效的移动营销，为依然徘徊在移动营销门外的企业提供了一条可供借鉴的营销模式和企业实现信息化之道。

3.2 信息技术与娱乐

3.2.1 流媒体技术

引 入

Internet 的迅猛发展和普及为流媒体的发展提供了强大的支持，其应用也随着供应商的逐步完善越来越广泛，业内人士大多看好流媒体这片市场，计算机之父比尔·盖茨在一次西方流媒体会议上就曾说过，未来属于流媒体。

流媒体是随着 Internet 的发展而发展的。随着上网人数的增加，先前的网速已远远不能满足用户的需求，特别是当从网上下载影片时，需等待好几个小时才能看到自己想看的东西，因此专业人士找到了一种新的技术来解决这一难题——它就是流媒体技术。流媒体技术是从基于 TCP/IP 协议对网络传送信息的控制方法中得到启发，应运而生的。TCP/IP 协议下载文件时，服务器按照一定的次序将文件分成若干个独立的数据包，依次发送出去，到了客户端再将这些数据包组装起来，得到和原来一样的完整文件。而流媒体则不同，它是按照特定的顺序将文件发送出去，而播放程序可以边接收边播放。只是在开始的时候需等待几秒钟，使得一小部分信息传送到客户端，之后就可一边下载一边欣赏了。网迷们不再焦急万分地等待很长的时间下载心爱的电影、音乐，利用流媒体就可以直接在网上浏览。

（1）概念

所谓流媒体是指采用流式传输的方式在 Internet 播放的媒体格式。流媒体又叫流式媒体，它是指商家用一个视频传送服务器把节目当成数据包发出，传送到网络上。用户通过解压设备对这些数据进行解压后，节目就会像发送前那样显示出来。

（2）优势

与传统的单纯的下载相比较，流媒体具有明显的优点：

①由于不需要将全部数据下载，因此等待时间可以大大缩短。

②由于流文件往往小于原始文件的数据量，并且用户也不需要将全部流文件下载到硬盘，从而节省了大量的磁盘空间。

③由于采用了 RESTP 等实时传输协议，更加适合动画、音视频在网上的实时传输。

（3）系统组成

一个完整的流媒体系统应包括以下几个组成部分：

①编码工具：用于创建、捕捉和编辑多媒体数据，形成流媒体格式，它可以由带音视频硬件接口的计算机和运行其上的制作软件共同完成。

②服务器：存放和控制流媒体的数据。

③网络：适合多媒体传输协议或实时传输协议的网络。

④播放器：供客户端浏览流媒体文件。

1）媒体服务器硬件平台

视频服务器把存储在存储系统中的视频信息以视频流的形式通过网络接口发送给相应的客户，响应客户的交互请求，保证视频流的连续输出。视频信息具有同步性要求，一方面必须以恒定的速率播放，否则引起画面的抖动，如 mpeg-1 视频标准要求以 1.5Mb/s 左右的速度播放视频流。另一方面，在视频流中包含的多种信号必须保持同步，如画面的配音必须和口型相一致。另外，视频具有数据量大的特点，它在存储系统上的存放方式，直接影响视频服务器提供的交互服务，如快进和快倒等功能的实现。因此视频服务器必须解决视频流特性提出的各种要求。

视频服务器响应客户的视频流后，从存储系统读入一部分视频数据到对应于这个视频流的特定的缓存中，然后此缓存中的内容送入网络接口发送到客户。当一个新的客户请求视频服务时，服务器根据系统资源的使用情况，决定是否响应此请求。其中，系统资源包括存储 I/O 的带宽、网络带宽、内存大小和 CPU 的使用率等。

2）媒体服务器软件平台

网络视频软件平台包括媒体内容制作、发行与管理模块、用户管理模块、视频服务器。内容制作涉及视频采集、编码。发行模块负责将节目提交到网页，或将视频流地址邮寄给用户。内容管理主要完成视频存储、查询；节目不多时可使用文件系统，当节目量大时，就必须编制数据库管理系统。用户管理可能包括用户的登记和授权。视频服务器将内容通过点播或直播的方式播放，对于范围广、用户多的情形，可在不同的区域中心建立相应的分发中心。

（4）网络环境

流媒体通信网并不是一个新建的专门用于流媒体通信的网络，目前绝大部分的多媒体业务多是在现有的各种网络上运行的，并且按照多媒体通信的要求对现有网络进行改造和重组。目前通信网络大体上可分为三类：一类为电信网络，如公共电话网、分组交换网、数字数据网、窄带和宽带综合业务数字网等；一类为计算机网络，如局域网、城域网、广域网，具体如光纤分布式数据接口、分布式队列双总线等；另一类为电视广播网络，如有线电视网、混合光纤同轴网、卫星电视网等。

以上介绍的通信网虽然可以传输多媒体信息，但都不同程度上存在各种缺陷。于是，人们自然将目光转向了一些新的网络存取方式，如宽带综合业务数字网、异步传输网和宽带 IP 网络。事实表明，这些网络是到目前为止最适合多媒体信息传输的网络。

（5）技术应用

互联网的迅猛发展和普及为流媒体业务发展提供了强大的市场动力，流媒体业务正变得日益流行。流媒体技术广泛用于多媒体新闻发布、网络广告、电子商务、视频点播、远程教育、远程医疗、网络电台、实时视频会议等互联网信息服务的方方面面，它的应用将为网络信息交流带来革命性的变化，对人们的工作和生活将产生深远的影响。下面结合常用的主流视频播放平台介绍几种典型的流媒体应用。

①会议电视和视频点播。随着互联网络的普及，使网络上传输的资料不仅仅限于文字和图形。有许多的互联网视频应用需要在互联网上点播，它们都要求最大范围地让观众观看到高质量的节目，像电视一样达到宣传、广告或满足观众需求的目的。这就要求系统具备高传输速率、数据同步、数据流的分流、高稳定性等特性。实现网络的视音频传输最好的解决方案就是流式媒体的传输方。数字媒体系列产品是在流媒体方面最为成功的系统。它具有跨平台、稳定性高等特点，特别是对直播条件要求不高且非常容易实现在 Internet 网上进行视频直播。采用客户端作为网络视频直播服务器端引擎，媒体内容制作工具编辑制作将现场信号传送给客户端进行直播，也可以把其他的音频、视频及动画等多媒体文件转换成数字格式用于流式传输。客户端安装了播放软件客户端后，通过交换机向服务器发出请求，接收并回放从客户端传输过来的媒体节目。

②校园视频网。校园网的建设近几年来也逐渐呈现出蓬勃向上的态势，尤其是各级重点学校的网络硬件平台的建设，其水平和质量都非常之高。随着多媒体技术的不断发展，特别是多媒体传输技术的突破，使网络多媒体教学得以实现。现在已经有许多的成熟的产品，如思科公司的 IP/TV，可以用来组建校园视频网，提供实时广播、定时广播、视频点播三种通信模式。

③远程教育。知识经济时代的网上教育突破了传统“面授”教学的局限，为学习者提供了时间分散、资源共享、地域广阔、交互式的教学新方式。从技术上讲，远程教育系统是建立在现代传媒技术基础上的多媒体应用系统，它通过现代的通信网络将教师的图像、声音和电子教案传送给学生，也可以根据需要将学生的图象像、声音回送给教师，从而模拟出学校教育的授课方式。概括地说，现代远程教育系统需要实现教学课件的点播、教学直播、网络课堂等功能。在网上开展远程教学活动，需要解决两个基本问题：音频、视频流信息的传送以及它们与数据之间的同步。由于音频、视频信息的带宽比较宽，不可能让学生将所有的节目下载到本地计算机上后再播放，这样就必须采用先进的网络技术，如流媒体，来实现边发送边播放。

（6）播放方式

①单播。在客户端与媒体服务器之间需要建立一个单独的数据通道，从一台服务器送出的每个数据包只能传送给一个客户机，这种传送方式称为单播。每个用户必须分别对媒体服务器发送单独的查询，而媒体服务器必须向每个用户发送所申请的数据包拷贝。这种巨大冗余首先会造成服务器沉重的负担，响应需要很长时间，甚至停止播放；管理人员也被迫购买硬件和带宽来保证一定的服务质量。

②组播。IP 组播技术构建一种具有组播能力的网络，允许路由器一次将数据包复制到多个通道上。采用组播方式，单台服务器能够对几十万台客户机同时发送连续数据流而无延时。媒体服务器只需要发送一个信息包，而不是多个；所有发出请求的客户端共享同一信息包。信息可以发送到任意地址的客户机，减小网络上传输的信息包的总量。网络利用效率大大提高，成本大为下降。

③点播与广播。点播连接是客户端与服务器之间的主动的连接。在点播连接中，用户通过选择内容项目来初始化客户端连接。用户可以开始、停止、后退、快进或暂停流。点播连接提供了对流的最大控制，但这种方式由于每个客户端各自连接服务器，却会迅速用完网络带宽。

广播指的是用户被动接收流。在广播过程中，客户端接收流，但不能控制流。例如，用户不能暂停、快进或后退该流。广播方式中数据包的单独一个拷贝将发送给网络上的所有用户。使用单播发送时，需要将数据包复制多个拷贝，以多个点对点的方式分别发送到需要它的那些用户，而使用广播方式发送，数据包的单独一个拷贝将发送给网络上的所有用户，而不管用户是否需要，上述两种传输方式会非常浪费网络带宽。组播吸收了上述两种发送方式的长处，克服了上述两种发送方式的弱点，将数据包的单独一个拷贝发送给需要的那些客户。组播不会复制数据包的多个拷贝传输到网络上，也不会将数据包发送给不需要它的那些客户，保证了网络上多媒体应用占用网络的最小带宽。

（7）技术原理

随着互联网的普及，利用网络传输声音与视频信号的需求也越来越大。广播电视等媒体上网后，也都希望通过互联网来发布自己的音视频节目。但是，音视频在存储时文件的体积一般都十分庞大。在网络带宽还很有限的情况下，花几十分钟甚至更长的时间等待一个音视频文件的传输，不能不说是一件让人头疼的事。流媒体技术的出现，在一定程度上使互联网传输音视频困难的局面得到改善。

传统的网络传输音视频等多媒体信息的方式是完全下载后再播放，下载常常要花数分钟甚至数小时。而采用流媒体技术，就可实现流式传输，将声音、影像或动画由服务器向用户计算机进行连续、不间断传送，用户不必等到整个文件全部下载完毕，而只需经过几秒或十几秒的启动延时即可进行观看。当声音视频等在用户的机器上播放时，文件的剩余部分还会从服务器上继续下载。

如果将文件传输看做是一次接水的过程，过去的传输方式就像是对用户做了一个规定，必须等到一桶水接满才能使用它，这个等待的时间自然要受到水流量大小和桶的大小的影响。而流式传输则是，打开水头龙，等待一小会儿，水就会源源不断地流出来，而且可以随接随用，因此，不管水流量的大小，也不管桶的大小，用户都可以随时用上水。从这个意义上看，流媒体这个词是非常形象的。

流式传输技术又分两种，一种是顺序流式传输，另一种是实时流式传输。

顺序流式传输是顺序下载，在下载文件的同时用户可以观看，但是，用户的观看与服务器上的传输并不是同步进行的，用户是在一段延时后才能看到服务器上传出来的信息，或者说用户看到的总是服务器在若干时间以前传出来的信息。在这过程中，用户只能观看已下载的那部分，而不能要求跳到还未下载的部分。顺序流式传输比较适合高质量的短片段，因为它可以较好地保证节目播放的最终质量。它适合于在网站上发布的供用户点播的音视频节目。

在实时流式传输中，音视频信息可被实时观看到。在观看过程中用户可快进或后退以观看前面或后面的内容，但是在这种传输方式中，如果网络传输状况不理想，则收到的信号效果比较差。

在运用流媒体技术时，音视频文件要采用相应的格式，不同格式的文件需要用不同的播放器软件来播放，所谓“一把钥匙开一把锁”。采用流媒体技术的音视频文件主要有三大“流派”。

• 软的 ASF（Advanced Stream Format）。这类文件的后缀是 .asf 和 .wmv，与它对应的播放器是微软公司的“Media Player”。用户可以将图形、声音和动画数据组合成一个 ASF 格式的文件，也可以将其他格式的视频和音频转换为 ASF 格式，而且用户还可以通过声卡和视频捕获卡将诸如麦克风、录像机等外设的数据保存为 ASF 格式。

• RealNetworks 公司的 RealMedia。它包括 RealAudio、RealVideo 和 RealFlash 三类文件，其中 RealAudio 用来传输接近 CD 音质的音频数据，RealVideo 用来传输不间断的视频数据，RealFlash 则是 RealNetworks 公司与 Macromedia 公司联合推出的一种高压缩比的动画格式，这类文件的后缀是 .rm，文件对应的播放器是“RealPlayer”。

• 苹果公司的 QuickTime。这类文件扩展名通常是 .mov，它所对应的播放器是“QuickTime”。

此外，MPEG、AVI、DVI、SWF 等都是适用于流媒体技术的文件格式。

由于流媒体技术在一定程度上突破了网络带宽对多媒体信息传输的限制，因此被广泛运用于网上直播、网络广告、视频点播、远程教育、远程医疗、视频会议、企业培训、电子商务等多种领域。

对于新闻媒体来说，流媒体带来了机遇，也带来了挑战。

流媒体技术为传统媒体在互联网上开辟更广阔的空间提供了可能。广播电视媒体节目的上网更为方便，听众、观众在网上点播节目更为简单，网上音视频直播也将得到广泛运用。

流媒体技术将过去传统媒体的“推”式传播，变为受众的“拉”式传播，受众不再是被动地接受来自广播电视的节目，而是在自己方便的时间来接收自己需要的信息。这将在一定程度上提高受众的地位，使他们在新闻传播中占有主动权，也使他们的需求对新闻媒体的活动产生更为直接的影响。

流媒体技术的广泛运用也将模糊广播、电视与网络之间的界限，网络既是广播电视的辅助者与延伸者，也将成为它们的有力的竞争者。利用流媒体技术，网络将提供新的音视频节目样式，也将形成新的经营方式，例如收费的点播服务。发挥传统媒体的优势，利用网络媒体的特长，保持媒体间良好的竞争与合作，是未来网络的发展之路，也是未来传统媒体的发展之路。

3.2.2 Photoshop 图像处理

引　入

在现在这个网络时代，从 PS 里走出来的红人比比皆是，我们看到的东西不是真实的，我们自认为了解的东西，或许根本不了解！我们来看看图 3-4 这幅图，现实中根本无法看到这些场景，但在 PS 中我们可以把它实现。附注：该图片来自网络。

图3-4　PS图例

1. Photoshop 概述

Photoshop 是由 Adobe 公司推出的跨越 PC 和 MAC 两界首屈一指的大型图像处理软件。它功能强大，操作界面友好，得到了广大第三方开发厂家的支持，从而也赢得了众多的用户的青睐。

Adobe Photoshop 最初的程序是由 Michigan 大学的研究生 Thomas 创建的，后经 Knoll 兄弟以及 Adobe 公司程序员的努力 Adobe Photoshop 产生巨大的转变，一举成为优秀的平面设计编辑软件。它的诞生可以说掀起了图像出版业的革命，它的每一个版本都增添新的功能，这使它获得越来越多的支持者也使它在诸多的图形图像处理软件中立于不败之地。

Adobe 产品的升级更新速度并不快，但每一次推出新版总会有令人惊喜的重大革新。Photoshop 从当年名噪一时的图形处理新秀。经过 3.0、4.0、5.0、5.5 的不断升级，功能越来越强大，处理领域也越来越宽广，逐渐建立了图像处理的霸主地位。

Photoshop 支持众多的图像格式，对图像的常见操作和变换做到了非常精细的程度，使得任何一款同类软件都无法望其项背；它拥有异常丰富的插件（在 Photoshop 中叫滤镜），熟练后自然能体会到“只有想不到，没有做不到”的境界。

而这一切，Photoshop 都为我们提供了相当简捷和自由的操作环境，从而使我们的工作游刃有余。从某种程度上来讲，Photoshop 本身就是一件经过精心雕琢的艺术品，更像为您度身定做的衣服，刚开始使用不久就会觉得倍感亲切。

当然，简捷并不意味着傻瓜化，自由也并非随心所欲，Photoshop 仍然是一款大型处理软件，想要用好它更不会在朝夕之间，只有长时间的学习和实际操作我们才能充分贴近它。Photoshop 的操作界面如图 3-5 所示。

2. 功能简介

从功能上看，Photoshop 可分为图像编辑、图像合成、校色调色及特效制作部分。

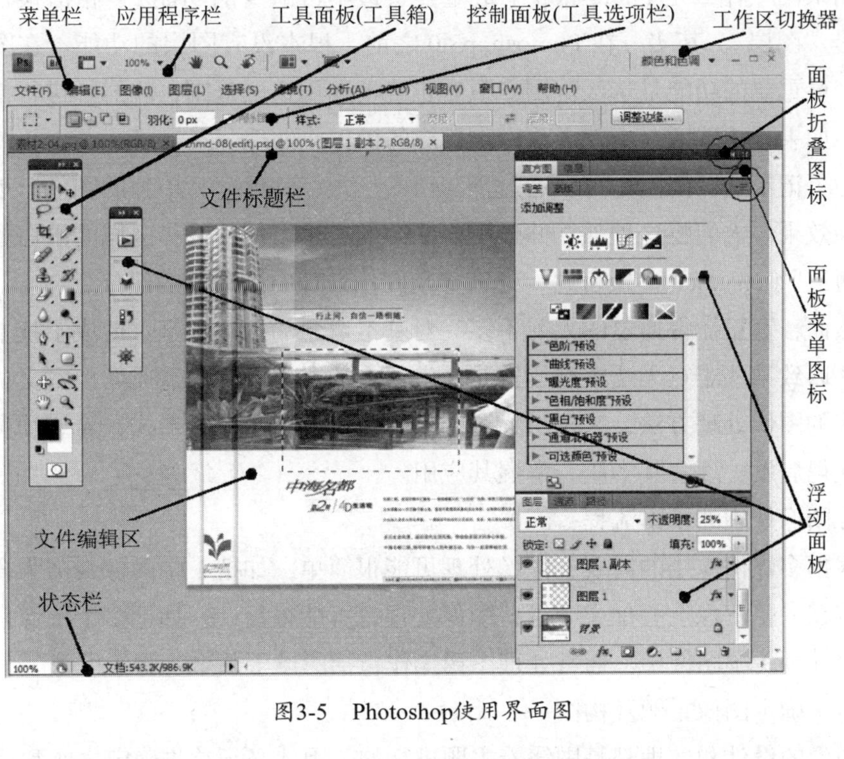

图3-5　Photoshop使用界面图

图像编辑是图像处理的基础，可以对图像做各种变换如放大、缩小、旋转、倾斜、镜象、透视等，也可进行复制、去除斑点、修补、修饰图像的残损等。这在婚纱摄影、人像处理制作中有非常大的用场，去除人像上不满意的部分，进行美化加工，得到让人非常满意的效果。

图像合成则是将几幅图像通过图层操作、工具应用合成完整的、传达明确意义的图像，这是美术设计的必经之路。Photoshop 提供的绘图工具让外来图像与创意很好地融合，成为可能使图像的合成无衣无缝。

校色调色是 Photoshop 中深具威力的功能之一，可方便快捷地对图像的颜色进行明暗、色偏的调整和校正，也可在不同颜色进行切换以满足图像在不同领域如网页设计、印刷、多媒体等方面应用。

特效制作在 Photoshop 中主要由滤镜、通道及工具综合应用完成，包括图像的特效创意和特效字的制作，如油画、浮雕、石膏画、素描等常用的传统美术技巧都可借由 Photoshop 特效完成。而各种特效字的制作更是很多美术设计师热衷于 Photoshop 研究的原因。

如果问“什么是 Photoshop 中最重要、最不可缺少的功能？”相信很多人的回答是“图层”。其实，在 Photoshop3.0 之前，根本没有图层的功能。在图像处理中，最重要的功能是选区范围。只有正确地运用选区范围，才能够进行精确的合成。如果无法选区，也就无法做出相应的操作或处理。

为了记录选区范围，可以通过黑与白的形式将其保存为单独的图像，进而制作各种效果。人们将这种独立并依附于原图的、用以保存选择区域的黑白图像称为“通道”（channel）。换言之，通道才是图像处理中最重要的部分。

然而，真正懂得通道的人并不多。对基本概念的一知半解，造成了技术上的断层，以致某些难点无法突破，这是由学习上的本末倒置所造成的。本文试图通过常用的图像处理方法，来探讨通道的本质、运算及其特殊形式，希望读者能够从中获得启发，理解其本质，掌握其应用。

3. 图像处理的基本流程

根据多媒体应用的需要，图像处理可能很简单，如把一幅图像裁剪为合适的尺寸或在一幅图像上叠加文字等；图像处理也可能很复杂，如把多个图像素材裁剪、合并到一幅图像中。通常处理图像操作包括的以下几个步骤。

（1）确定图像主题及构图

图像的设计和处理都是围绕着主题进行的，因此必须首先确定主题和目标。

（2）确定基图（图纸）的尺寸及背景

根据设计目标，确定图像的图纸大小，也即为以后各个对象确定一个可比较的基准。这一步如果是建立一幅新图，则应选择真彩 / 灰度模式；也可以根据基本图像素材重采样或裁剪、放大到合适的尺寸。图像可以采用 RGB 或者 CMYK 颜色空间来表示，RGB 颜色空间如图 3-6 所示。

CMYK 颜色空间如图 3-7 所示。

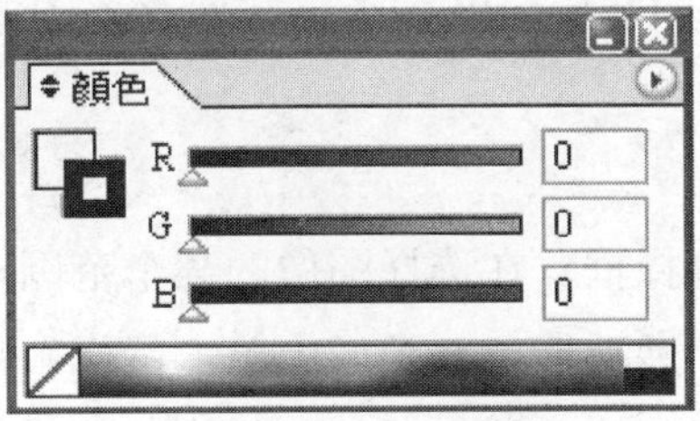

图 3-6　RGB颜色图

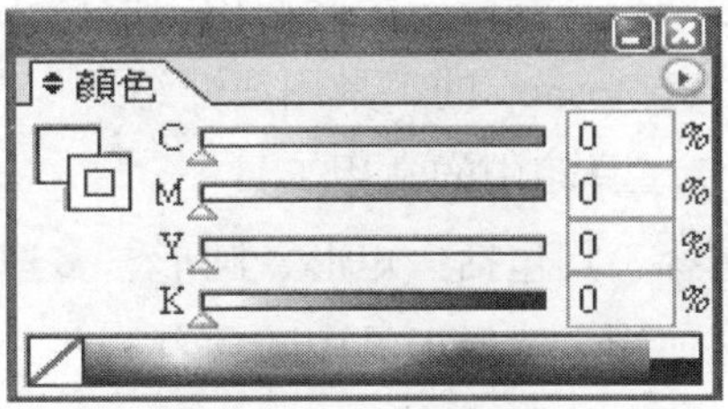

图3-7　CMYK颜色图

（3）获取基本的数字图像素材

这一步是输入待处理的图像素材。数字图像的来源可直接从磁盘、光盘上拷贝，也可通过视频卡从视像中采集；如果原图是照片或印刷图片，则需用扫描仪输入。根据需要，有可能要准备多幅图像素材。当用扫描仪或视频卡获取数字图像时，为了保证数字图像的原始颜色、灰度效果以及清晰度，一般用真彩色 / 灰度模式，图像尺寸要基本与需要相符或稍大一些。

（4）素材的处理

首先在各基本素材图像中定义所需素材的选择区，把各种素材从基本素材图像中"抠出"，并置于基图的不同图层当中。然后确定各个素材的大小、显示位置、显示顺序。这一步可能需反复操作才能达到较理想的构图效果。

（5）文字的生成

如果设计中需要绘制一部分图，或叠加文字，绘制的图及文字都可分别生成新的图层，便于对各图层进行编辑及调整图层间的前后关系，而且各个图层在基图中的位置也可随意调整以达到设计要求。

（6）各对象的处理及整体效果调整

首先将暂时不处理的图层消隐，在编辑窗口中仅显示当前需编辑的图层。对图层中图像的处理包括图像的色调、边缘效果及其他一些效果处理等。在图像处理的过程中，完成的几个较满意的操作或处理完一个图层以后，应注意及时保存，以便在进行了不满意的处理时，可恢复到前面的效果，或调出原有图层。根据整体效果，进行各部分的细调，以完成最终的图像作品。

7）图像转换并保存文件

图像处理完成以后 ，应保存一个 PSD 格式的文件，以保存各图层信息，以便将来做进一步处理。然后，将处理完毕的图像进行变换，如为减小占用存储空间可将真彩色图像变换为 256 色图像；为针式打印变换为黑白图；为印刷而变换为分色图等，并按一定的通用图像格式，如 TIFF、JPEG 等格式保存该图像。

4. Photoshop 的工具用法介绍

1）工具箱中的常用工具

选择工具包括：矩形、圆形、多边形选择框，在选择图像的某个范围对其修改之前使用。选择工具中暗含着一些其他扩展功能。在图像中单击鼠标右键可以从弹出的快捷菜单中发现有填充、描边、通过拷贝的图层、羽化等功能，其中最常用的是“羽化”，用于柔化选择区域的轮廓边缘，使之柔和自然，使用方法是：在激活选择工具的前提下，单击鼠标右键→羽化，数值大小可根据效果的需要来定。

模糊工具：用于对图像进行模糊、虚化处理，将其修改成类似明星照的效果。在对某一区域修改时应先将选区羽化，面积较大时应用滤镜的“高斯模糊”进行处理。

锐化工具：使较为模糊的图像变得更清晰，但要适度。

橡皮图章工具：用于修改或弥补图像中的缺陷，如修复老照片中的残损漏洞及滑伤等处，用周围的图像复制到想要修改的地方，在修改照片时使用的很频繁。

钢笔工具：在勾画形状的轮廓路径时被频繁使用，应当熟练掌握。

（2）常用命令操作方面

复制：对图像的某一区域勾画好选区后复制时使用，快捷键为 Ctrl+C。

剪切：对图像的某一区域勾画好选区后剪切像素时使用，快捷键为 Ctrl+X。

粘贴：对切掉的图像粘贴到新图层、新背景时使用，快捷键为 Ctrl+V。

（3）编辑修改图像的颜色

Photoshop 更改照片的颜色有几项相似的修改命令。

①亮度 / 对比度。提高或降低图像的明亮度及对比度，只提升“亮度”时图像显得光线更充足，使照片更明亮；当“亮度”和“对比度”同时做正向调整时

（向右滑动），不仅亮度增加，而且对比度也随之增强，使亮的地方更亮，暗的地方更暗；同时图像色彩的鲜艳度也随之增强。

②色相 / 饱和度。当调整“色相”时，图像的整体色调会有明显而剧烈的变化，可由红色变为紫色、蓝色等色调；当调整“饱和度”时，会增强或减弱图像整体的色彩鲜艳度，若将“饱和度”调到最左边（-100）时，整个图像完全失去色彩变成“黑白灰”的形式；调到最右边（+100）时，图像的所有颜色达到最艳丽的程度而失去自然真实的感觉。当调整“明度”时，增强或降低图像的明暗度，改变图像的明暗度变化，与调整“亮度”不同，通俗地讲“明度”是将图像整体“加白或加黑”，向左调整使图像添加黑暗的成分，好像夜幕降临，向右调整时添加白色成分，好像雾气茫茫的感觉。当调到最左边（-100）时，整个图像变为纯黑色，当调到最右边（+100）时，整个图像变为纯白色。

③色彩平衡。调整修改图像整体的色彩倾向，与“色相”相似，但更为细化，没有调整色相的变化那么剧烈，通过调整各种色彩（有青色、洋红、黄色、红色、绿色、蓝色）的不同成分比例，使图像更加柔和、更加细致的改变色彩倾向。

④曲线。主要调整图像整体的明暗度变化，与“亮度 / 对比度”命令相似，通过调整曲线的形状对明亮度及对比度进行一次性调整。

⑤自动色阶。自动调整并提高整体图像的色彩浓度和层次，增强图像色彩的层次感和空间感，使图像的色彩看起来层次分明。

⑥自动对比度。自动调整并提高整体图像的明暗对比，使灰暗的照片显得清晰，同时增强图像中的明亮部分，加深图像中的阴影部分，使图像的空间感显得更强，更有深度。

5 常用滤镜工具的功能及用途

（1）模糊滤镜工具

该工具用于对图像进行模糊处理，下面列出两项常用子选项：高斯模糊子选项、特殊模糊子选项。

（2）锐化滤镜工具

使用该工具可使较为模糊的图像变得更清晰，但要适度。下面有如下几个子选项：锐化、进一步锐化、USM 锐化、锐化边缘、各种风格化滤镜工具。

用于编辑图像的各种特殊效果，例如，“查找边缘”可编辑为类似素描的单线条形式。

（3）各种素描效果滤镜工具

该工具用于编辑图像的各种不同风格的素描效果。

（4）各种艺术化滤镜工具

该工具用于编辑图像各种不同风格的特殊效果，有如下几种风格：模仿油画、模仿水彩、模仿招贴画。

以上就是 Photoshop 在修改编辑照片效果时经常使用的工具及命令，如能熟练掌握，修改照片可以说是驾轻就熟，游刃有余了。

3.2.3 微电影制作

引 入

微电影在当下的火爆流行程度，我们都有目共睹，很多人都希望可以拍摄出一部属于自己的微电影。微电影与电影短片、网络短片、手机电影一脉相承，但并不等同。微电影在故事内容、叙事策略、视听语言等方面具有后现代型，它综合利用解构、戏仿、拼贴、黑色幽默、狂欢等后现代叙事策略，平面化、生活化、MV 式的视听语言，从微观角度演绎现代社会城市底层小人物悲欢离合的平实小故事。微电影颠覆固有审美、英雄形象，制造矛盾荒诞和视觉奇观，具有娱乐魔力，释放观众压力。微电影的内容融合幽默搞怪、时尚潮流、公益教育、商业定制等主题，可以单独成篇，也可系列成剧。它具备电影的所有要素：时间、地点、人物、主题、故事情节。经典的微电影有如《青春期》、《老男孩》等。

1. 微电影概述

微电影（Short film），即微型电影，又称微影、小型电影，指的是在电影和电视剧艺术的基础上衍生出来的小型影片，具有完整的故事情节和可观赏性。从视觉停留的角度来讲，微电影有其特殊的意义，它能更清楚地让观众记得发生在 30 分钟以内的故事，而且在长时间内，依然记忆犹新。微电影是微时代——网络时代的电影形式，名称富有中国特色微电影之“微”在于：微时长、微制作、微投资，以其短小、精练、灵活的形式风靡中国互联网。微电影兴起于草根，各种参差不齐的“小短片”，来自于各种相机、DV、手机，一个真正源自于生活的小电影。

2. 微电影制作介绍

随着微博的兴起，越来越多的东西被冠以“微”字头，如微信、微博。连电影也不例外，冠以”微”字——微电影。微，就是小，微电影，其实就是有故事情节的小短片。制作一部记录自己独特生活的微电影吧，一点都不难！微电影怎样制作呢？很多人都会自己制作，现在市场上的影视拍摄制作的店面并不少见，但是品质高、技术专业的却寥寥无几，归根到底就是因为设备的实力与专业化还不能达到高效果输出，怎样才能真正制作出专业的微电影，需要怎样的制作技术才过关。

对于初学者来说，拍摄视频是一个看似简单（只需要按下录像键）但实际很难（拍出的片子冗长而无趣）的技术。许多人在进行摄像时总是抓不住拍摄的重点，从而让大好的制作时机白白溜走，如果掌握了以下几点，① 就会轻松地抓住经典的时刻，让拍出的影片很精彩了。

（1）拍摄前观察环境

摄像前要先注意周边的状况，这样在拍摄时就可以考虑哪些场面用多长焦段的镜头。另外，拍摄时可千万不要大意，时刻不忘记周边或是身后的状况，特别对背后的沟渠、马路等要引起重视，不要脚踩空或来往车辆造成不必要的伤害。很多经验丰富的拍摄老手，常常会因为注意力过于集中于被拍摄的景物及人物上，而没有留意到其他的危险状况，在移动位置的过程中发生了摔跤、碰撞甚至跌落深处的意外。

（2）场面宏大摇镜头

摇镜头是最常用的手法之一。当拍摄的场景过于宏大，如果用广角镜头不能把整个画面完全拍摄下来，那么就应该使用“摇摄”的拍摄方式。摇摄是指当摄像机机位不动，借助于三脚架上的活动底盘或拍摄者自身的人体，变动摄像机光轴（镜头横向或纵向移动）的拍摄方法。用摇摄的方式拍摄的画面叫摇镜头，摇摄一般有上下摇摄和左右摇摄两种方法。很多人在应用摇摄时往往把握不好转动的速度和角度，使画面抖动不顺畅，这主要是因为没有把握住摇摄的要领。

（3）移摄抓拍人物

“移摄”是将摄像机架在活动物体上随之运动而进行的拍摄，用移动摄像的方法拍摄的画面称为移动镜头，简称移镜头。用数码摄像机进行移动拍摄非常方

① 来自网络总结的经验。

便。移动拍摄可以使用画面框架始终处于运动之中，画面内的物体不论是处于运动状态还是静止状态，都会呈现出位置不断移动的态势。移摄一般分为前后移动拍摄、左右移动拍摄、弧形移动拍摄以及上下移动拍摄等几种方法。

（4）变焦拍摄注意定格

平时我们经常从电视上看到这样的画面，镜头对准一个广阔和场景，渐渐地镜头推进，最后聚焦于某个细节，这种方法经常运用于花卉、烛光、小动物等细节的拍摄。看上去显得很专业，不过我们一样可以用普通的家用 DV 拍摄出来。DV 的焦距可以通过焦距拨杆来调节，将旋钮推至 T 位置，可以拉近并放大远方的景物；如将旋钮推至 W 位置，拍摄的范围则会扩大。拍摄变焦镜头时，需要注意在对准目标后要保持静止 5 秒钟左右，以便后期编辑，另外，在一组画面结束时也要把图像定格 5 秒钟，给人有始有终的感觉。长焦距镜头具有视角窄、景深小的特点，有“望远”的效果，现在家用 DV 的光学变焦都达到 10 倍以上，有的甚至能达到 30 倍以上，远在 10 米之外的细小物体如同就在眼前伸手即可触摸到似的。但是，要想拍好长焦距镜头，需要注意：防止 DV 抖动。

尽管现在许多 DV 的防抖效果很好，但在长焦端依旧很容易拍出画面抖动的视频，影响观众的观看。因此拍摄时尽量使用三脚架稳定摄像机，或利用依托物，稳定住身体或手臂。因此如果不是剧情需要，尽量还是走到景物旁边用广角端进行拍摄，这样拍出来的画面稳定性要好很多。

3.3 信息技术与学习

信息技术变革了课程的表现方式，在学校里，课程很大程度上就是教材，教材的表现方式慢慢在发生变化，现在就有一些 Flash 书、点读机，都是教材的不同表现方式，能够增加教材的表现力。信息技术进入课堂后，教师作为单一的知识来源的局面被打破，同时突破了书本是知识主要来源的限制，教师可以用各种相关资源来丰富封闭的、孤立的课堂教学，极大扩充教学知识量，使学生不再只是学习课本上的内容，而是能开阔思路，了解百家思想。

引　入

随着识识经济的到来，我们的学习模式受到了前所未有的冲击，各种新的学习模式如潮水般涌现，在所有学习模式中，最具有冲击力的便是随着网络技术发展而出现的网络化学习，又称在线学习，它是通过在网上建立教育平台，学员应用网络进行在线学习的一种全新方式。这种在线学习方式是由多媒体网络学习资源、网上学习社区及网络技术平台构成的全新的学习环境。无论是在校生抑或是刚毕业的大学生，还是在职场上遇到瓶颈的职业人士等，很多都需要通过网络在线学习的方式来进行继续学习。只要能连上互联网，无论是工作日的凌晨还是休息日的晚上，只要你有学习的愿望，随时都可以登录网上平台进行学习。

1. 在线学习简介

在线学习是通过计算机互联网，或是通过手机无线网络，在一个网络虚拟教室与教室进行网络授课、学习的方式。目前，在线学习已经不局限于此，网上有完善的在线学习平台系统例如像丁博士。这样的学习平台系统可以智能地将一个云题库与平台对接，根据你的学习需要去完成学习目标。例如，学生可以在线学习与自己学习同步的课程体系然后同步作答题目，作答完成后由系统智能为你呈现解题过程辅助你提高学习成绩。

随着互联网的发展，教育行业在十年前就推广了远程教育，通过互联网虚拟教室来实现远程视频授课，电子文档共享，从而让教师与学生在网络上形成一种授课与学习的互动；而现在的 5G 时代的来临更加方便了学习，不仅仅通过笨重的计算机，只要有一个可以有大流量通信的手机，通过 5G 的快速网络推进，就能更方便地直接地通过手机等掌上工具在线学习，而无线的网络使得人们的日常互动变得更加有效！

2. 在线学习定义

所谓 E-Learning，即为在线学习，是指由通信技术、计算机技术、人工智能、网络技术和多媒体技术等所构成的电子环境中进行的学习，是基于技术的学习。

企业的 E-Learning 是通过深入到企业内部的互联网络为企业员工提供个性化、没有时间与地域限制的持续教育培训方式，其教学内容是已经规划的、关系到企业未来的、关系到员工当前工作业绩及未来职业发展目标的革新性教程。

E-Learning 概念一般包含三个主要部分：以多种媒体格式表现的内容；学习过程的管理环境；以及由学习者、内容开发者和专家组成的网络化社区。在当今快节奏的文化氛围中，各种机构都能够利用 E -Learning 让工作团队把这些变化转变为竞争优势。企业通过实施 E-Learning 具有的优势：灵活、便捷，员工可以在任何时间、任何地点进行；通过消除空间障碍，切实降低成本；提高了学习者之间的协作和交互能力。但是我们也要看到在实施 E- Learning 的过程中存在局限性和应该注意的问题。

3. 在线学习的优劣势

在线学习的最大好处就是不受时间、地点、空间的限制，并且可以实现和现实当中一样的互动。相对于其他的学习模式来说，它具有无可比拟的优势。

（1）它更容易实现一对一的学与教之间交流

在传统的课堂教学中，大多数教师没有机会和班级中的每个学生进行交流，也有很多学生因为种种原因，不敢和教师进行面对面交流。在线学习却改变了这一切。在互联网上，学习者不仅可从网上下载教师的讲义、作业和其他有关的参考资料，而且可向远在千万里之外的教师提问，从而激发了学习的积极性。

（2）它充分尊重学生的个性、激发学习的动机

在线学习充分实现了个性化学习。在传统的课堂教学条件下，因材施教和个性化学习只是一个理想化的追求。而互联网使因材施教成为可能，学习变成一个各取所需的过程，个性化的学习得以真正实现。在互联网上，没有统一的教材，没有统一的进度。每一位学习者都可以根据自己的特点，在自己方便的时间从互联网上自由地选择合适的学习资源，按照适合于自己的方式学习。

确实如此，在线学习它不仅可以实现学习使得因材施教和个性化学习成为真正的可能，最重要的是，它可以最大限度地激发学习者的学习动机，从而最大限度地激发学习者的潜能。

当然，在线学习也有一定的局限性。

①缺乏人性化的沟通。网络人为地拉大了人与人之间的距离，为直接的情感交流设置了障碍。缺乏员工间、讲师与员工之间的情感交流、情绪沟通，学习的效果可能大打折扣。

②实践功能薄弱。要真正获得和掌握知识、技术，仅仅通过 E-Learning 的讲解还不够，必须亲自参与练习，在现实环境中运用。

③教学内容传输上的局限。传统的培训是在讲师完全可以控制的学习环境下进行的——随时需要重新安排和变更，有许多因素影响教学的状况如讲师的努力和个人的能力、技巧、适应教学的环境和提供的课件。但在 E-Learning 情况下，由于与被培训者的网络的隔离，这种变更不可能，就产生了内容上关键的阻隔。

④学习内容方面的局限。在学习的内容上，国内比较缺乏高质量、多媒体互

动的 E-Learning 课件和平台，不同的界面，重复注册，没有标准的软件，还有很多在线课程的不同格式。这样不仅不易管理，而且耗费很大，结果是在公司内难以建立良好的沟通体系，信息传递极其不顺畅。

4. 在线学习的要求

在线学习的特点决定了远程学习以自学为主，学生的大部分学习时间与教师、同学是分离的，没有教室，更没有课堂的氛围，这些特点会使得许多刚刚开始远程学习的学生不可避免地遇到一些困难或有些不习惯。因此远程学习要求学习者首先应具备两方面的能力。

始终保持自发的学习动力。参加远程学习的学生绝大部分是成人，他们的学习动机各式各样，但不外乎提高学历、增加技能、在职充电、扩展职业范围等。他们一般具有较强的学习动机，较明确的学习目的，但是在以后长达几年的学习过程中能否保持住由此产生的学习动力是决定其学习成败的关键。

主动探索的精神。成人学生应该有能力自己确定在学习上投入多少时间，制定自己的学习计划，选择并逐渐适应一种学习方法。学会学习已成为 21 世纪教育的四大支柱之一。对于远程学习者来说，这同样具有非常重大的意义。在具体的学习过程中，面对一个问题，积极的学习者不会只接受一个答案，或是等待老师告诉你该持什么样观点或立场；也不会只局限于到某本书或教材的某章某节上去寻找答案。积极的学习者会主动尝试多种解决方法，建立自己的想法，经过主动探索后决定自己要做什么，该怎么做。例如，北大商学网鼓励学生在学习的过程中主动探索，主动思考，努力理解自己所学的东西，而不是死记硬背，被动接纳。

此外，随着信息化社会、学习化社会的形成和知识经济时代的来临，教育正在经历深刻的变革。参加在线学习的学习者，有必要变革自己的学习观念和认识。

①虽然面授时间少了，自主学习的要求高了，但通过这种新的学习形式，可以提高自己的学习能力。

②在信息化社会中，人们生活、工作环境的变化越来越快，需要面对不断出现的新知识、新技术。一次性的学校教育，越来越不能满足个人终身的社会需要。只有不断学习，才能跟上生活、工作的节奏。

③现代在线学习为所有求学者提供了平等的学习机会，使接受高等教育不再是少数人享有的权利，而是个体生存的基本条件；教育资源、教育对象、教育时

空的广泛性，为大众的终身学习提供了可能性。

④接受教育不仅是学习知识，还要学会学习，为以后继续学习培养良好的学习习惯；掌握必要的学习技能。学会利用现代信息技术进行自主学习，对今后不断地获取知识和提高教育层次将是非常有益的。

在在线学习中，网络等媒体提供给学习者学习机会的同时，学习者也应学会适应网络学习方式。那么，学习者应做到：

①掌握网络学习的基本技能。

②激发潜在的学习动机（奥苏贝尔提出的认知内驱力，自我提高内驱力的主导作用）。

③学会调整自己的学习情感（在网络学习中常常感到孤独感，学习者应在这个开放的平台中主动参与讨论，交流知识和经验等）。

④提高自己的元认知技能（元认知就是对认知过程的积极计划、监控、调节的技能，从而提高学习效率）。

另外，网络系统也应为学习者提供适应性学习支持。根据学习者不同的学习背景、知识基础、学习风格、学习能力等个体差异建立学习者模型，利用人工智能技术进行推理，为学习者提供个性化的学习内容，从而提高系统对远程学习者的适应性。

这样在远程学习中学习者与系统的双向适应机制，使远程学习向更成熟的方向迈进。

3.4 超市信息系统

引　入

现在超市已经是大家购物首选的地方，超市购物方便又快捷，商品种类齐全、数量丰富、实用、质量有保证、价格相对低廉，还有宽松的购物环境。当需要去超市购物时，我们的流程基本是这样的：首先走入超市，去存包处存包，接着找购物车或购物筐，然后选购所需物品，然后排队结账，最后取包离开。在我们购物的过程中，比如打算买一箱牛奶，你有没有拿起牛奶看看生产日期，还会看其生产厂家？当你经过酸奶销售区时，看到有促销活动：买一盒赠一盒，你是不是也有拿一盒的冲动，最后感觉东西差不多买齐的时候，迎面走来一位女推销员，向你推销她的产品，她说："尝一尝奶茶，好喝您就买。"尝尝后感觉味道也挺好的，还可以参加抽奖活动。于是，你又被吸引去购买他们销售的产品。这些是我们作为购物者所经历的情况，那么，在这个过程的背后，超市里的商品是经历一个什么样的过程，然后才呈现在购物架以备购物者购买呢？还有，关于促销、抽奖等，这些背后的流程是怎样的，我们来认识认识吧。

3.4.1 进货

超市需要处理很多的库存信息，还要经常更新产品的销售信息，并且不断添加商品信息。面对种类繁多的信息，需要合理的数据库结构来保存数据信息，以及有效的程序结构支持各种数据操作的执行。商店自动化的产品管理在欧美等发达经济体中早已经实现，也是零售业管理的基础。它最主要的特点是能够实时而且准确地控制店内的销售情况。如果能够实时掌握销售流程及销售情况，则可以有效地加速商品的周转率并提高服务质量，而且可以减少产品售价不符等所产生的问题。消费时顾客的要求是希望在超市购物中能购得所需的商品，并且还要保证商品质量及享受优质。

1. 超市采购业务流程

①开展市场调研，选择并确定供应商及其商品。

②确定进价，返利，促销，折扣，经营方式，结算方式，是否可以退换货等事宜，索要营业执照及三证存放复印件，在采购中心存档以备查。

③签订购销合同，一式两份，一份给供应商，另一份在采购中心存档以便备查；

④确定销售价格，填写供应商资料表，合同附表，商品信息表，一式两份，交采购总监签批。

⑤将填写完毕的数据资料交给编码中心文员录入。一份编码中心自留，另一份给采购经理保存以便备查。

⑥采购经理与订货部的沟通联系。

• 通过信息反馈，冻结滞销或有问题的商品，先填写滞销商品淘汰表交给采购总监签字，一式两份，一份采购经理自留备查，一份交编码中心文员冻结滞销品订货。掌握畅销商品的情况，可作为谈判依据。同时向订货部了解缺货情况，以便采购同类新品代替脱销品（或滞销品）。

•业务往来中进价变化，调价后采购经理应及时通知订货部。

•促销时由采购经理填写促销商品表，交采购总监签批，一式两份，一份交订货部，一份自留并将其内容传达给门店。

•采购经理现款自采，先到总经理处签批，后到财务部支款，付款时向供应商索要票据，货到订货部时补订单验单，凭订单验单入超市或后库，验收人填写实收数量，将订单验单与随货同行交门店或仓库文员生成入库单，文员打印入库单一联交采购经理，采购经理凭订单验单、入库单与随货同行到结算部交账。

2. 订货业务流程

①通过系统查询采购中心下传的供应商信息和新商品信息，各门店、批发部的要货计划以及现有库存是否低于最低库存量等因素，订货量凭保本保利分析来确定，以及因为促销和采购经理确定价格后与采购经理协商订货。

②订货前发现商品进价偏高时，及时通知采购经理，由采购经理与供应商确定进价后再订货。

③订货部文员根据订货计划打印订单验单，如有赠品需在订单验单中注明。配送总监确认。

④订货员将订单验单传真至供应商，无传真的则电话通知，供应商送货时到订货部取订单验单，再到收货部送货。

3.4.2 销售

1. 关于商品调价程序

①进价调整程序：进价变动时，由采供经理填写进价调整单，采购总监签字，一式两联，一联交采供经理保存以便备查，另一联交编码中心录入。

②售价调整程序：

•由采购经理填写变价通知单，交采购总监签字。

•采购总监签字之后，一联交采购经理自留，一联交编码中心文员录入。

•各门店文员接收编码中心的变价信息，并打印标价签；实时变价由编码中心电话通知各门店文员接收变价信息。

•将打印好的标价签交前台理货员粘贴。

2. 促销程序

采购经理工作须贯穿促销活动始终，与订货部共同商讨促销商品的订货量，填写变价通知单交编码中心，协助库房核实赠品及赠品对各门店的分配，通知门店促销方式和起止日期。

各种促销方式的账务手续如下。

① 供应商降低进价。

• 不改变库存商品进价，进新货时改变进价，需采购经理填写进价调整单调低进价，促销过后再填写进价调整单调回原价。

• 改变库存商品进价，供应商出具进价调整冲单，即供应商随货同行，其内容一正一负，按现有库存调整进价，采购经理签字确认，采购总监审批，传到结算中心文员录入。

② 供应商赠送商品相当于降低进价的。

• 赠品为同一种商品，由订货部或门店文员修改订单，数量改为总合，进价相应调低（由采购经理写出书面通知交订货部文员或门店文员，注明赠送批次或天数以及调整后进价）。

• 赠品为其他商品的，订单备注联上写明赠品数量，仓库文员将赠品部分录入盘点入库单（在赠品不发放给顾客的情况下），若赠品为新商品，需编码中心先行录入后做盘点入库，销售之后作为长款。

• 若赠品为同一商品且为赠物销售，如买二赠一。供应商所增加赠品部分则不需再输入盘点入库单，只需库管手工记载所收赠品数量以及对各门店的赠品分配情况。

• 由于某种原因造成商品积压临近保质期的，一种方式可通过降价处理，若供应商支持可由其填写进价调整冲单，另一种方式可以通过买送形式促销，若由供应商承担，订货部要求其下次送货时补出损失部分（赠送部分），或开具退票直接冲减。若只能公司承担则须填写报损单交由总经理签字，文员录入残损单。

• 进店费、堆（端）头费、促销费，有以下三种交纳方式。

直接交纳：由采购经理集中收集后交给财务部。

结算扣缴：结算商品账款时由结算中心直接扣除，开具发票。

合同扣缴：购销合同中注明进店费、堆（端）头费、促销费等，由结算中心扣缴。

3.4.3 存库

1. 收货业务流程

① 收货库管部文员通过系统查询在途商品，通知库管员准备存货。

② 货到后仓库保管员凭随货同行单和订单验单收货。

③ 收货库管员查验进价是否与订单相符。如高于订单进价拒收，与采购经理联系继续谈判，如低于订单进价优先收货。

④ 查验商品质量、生产日期、保质期。核实商品数量，多送拒收，少送实收。多送部分如确实需要则由订货部补订单。验收后在验单上填写实收数量、金额、有效期及仓位号。

⑤ 收货库管员签字后将订单验单和供应商随货同行单一起交收货库管部文员，文员生成验收入库单，输入实际验收数量、进价、仓位码和有效期，将验收入库单号填写在订单的入库栏上，将订单验单与随货同行单转结算中心，以上工作必须当日完成。

⑥ 结算中心核算员、复核员 24 小时内审核单据，核对数量、进价、金额。

⑦ 采购经理自采的必须补订单验单作为入库依据。

⑧ 两个仓位卸货的打印调拨单，一式三联，由经手人签字，一联交调出仓位保管，另两联随货同行至调入仓位交保管签收，签收后再将一联返回调出仓位保管。

2. 退货业务流程

（1）门店（仓库）退货

① 门店理货组长每日做退货统计，填写一式两联退货报告，交店长签字，由配送员与保卫共同核实数量并签字，一联与退货同行至库房，一联交给门店保卫自留。

② 退货到库房后，库管按退货报告清点后签收。

③ 签收之后，将退货报告交收货库管部文员生成负配送单并打印负出库单三联，一联交库房，另两联交配送员返门店，退货报告收货库管部文员自留并标注调拨单号。

④ 门店保卫将出库单与退货报告核对后签字，交门店文员。

⑤ 库管通知订货部与供应商联系退货，供应商人员与库管清点退货，开具

退票，双方签字。并将一联退票交收货库管部文员打印退货单两联，一联文员自留与供应商退票别在一起，另一联给供应商将退货带出仓库。

⑥ 当日将别在一起的退票和退货单下传到结算中心，冲减结算金额。

⑦ 门店直退供应商的，由供应商开具退票，须由理货组长与保卫双人签字。一联退票交门店文员打印退货单两联，一联文员自留与供应商退票别在一起下传总部结算中心扣减结算金额，一联交供应商将退货带出超市。

（2）批发退货

① 由客户出具原始批发单，配送经总监签字同意退货后，随货同行至库房。

② 库管在原始票上按实退数量签收，将退货人领至收库货管部文员处，文员按保管签收票据生成并打印批发退货单三联同原始票一同交客户或业务员。

③ 结算时批发收款员审核退货单及原始票据，冲减批发款或直接退现款。

④ 批发配送收款员确认结算后生成批发客户负出库单（退货）。

⑤ 所提货物不影响销售的，可移库后再行销售（或直入卖场），不能销售的，能退供应商的退回供应商，不能退回供应商的作报损处理。

第4章

信息技术与社会

4.1 充满江湖气息的企业文化

案　例

在《台湾经济日报》的新闻中有这样一篇报道："这段简报我们先请逍遥子跟大家报告，再由乔峰为大家补充……"——这是淘宝网总裁陆兆禧在发布会上的一段现场说明。众多武林高手的出现，把台湾媒体们给镇住了。自从互联网江湖上兴起以ID和马甲安身立命之后，淘宝网的武侠文化应该是最成功的。可以这么说淘宝网是一个充满武侠气息的社区，在这里，你会很奇怪地发现在淘宝里每一个人都不会直呼对方真名，而会用花名代替，接待你的人递过来的名片，名字下面还有一 行绰号——花名，这个花名其实都是源自于金庸先生的武侠小说。当新进一个职员时，他们都会收到HR的取名邮件，要求所取的花名必须是武侠小说中的正面人物，且每个员工都得有花名，比如马云的花名是"风清扬"，阿里巴巴CEO陆兆禧是"铁木真"，阿里巴巴首席风险官邵晓峰是"郭靖"等。花名是淘宝公司内部员工之间的唯一称呼，不论同事之间，还是上下级之间都互称花名，只有在收发快递邮件时才会使用真实姓名。如果你能有幸进入淘宝公司，你会看到接待外部来访者的会客室的门牌上标示着"桃花岛"，在会议室的门牌上标示着"灵鹫宫"，在VIP办公室的门牌上则标示着"光明顶"，淘宝网所有的会议室都以金庸武侠小说里的地名来命名，淘宝公司内部员工开会讨论不是笑傲"侠客岛"，就是聚首"光明顶"，行走在淘宝总部的办公楼大楼内，你会暂时忘却外面的世界，仿佛置身于金庸武侠小说所创造的情境，段誉、郭靖、王语嫣等都成了在你身边活灵活现的人物。这些花名的使用便于客户记住淘宝网服务人员，减少了沟通成本，增加了沟通中的乐趣。可以这样说花名造就了淘宝网的独特的企业文化，正是这些武侠人物的正义感和团队精神渗透到了公司员工的一言一行中，极大地促进了淘宝业绩的发展和提升，这也正是马云常说的“快乐工作，认真生活”的具体体现。

淘宝网作为全国最大的互联网零售企业，在这里所发生的一切都会引起人们的关注，对于在信息技术时代下的互联网企业，淘宝的企业文化作为它的企业灵魂发挥着重要的作用。

首先了解一下企业文化，所谓企业文化有广义和狭义之分。广义的企业文化是指企业所创造的具有自身特点的物质文化和精神文化；狭义的企业文化是企业所形成的具有自身个性的经营宗旨、价值观念和道德行为准则的综合。企业领导者把企业中形成的文化观念、历史传统、共同价值观念、道德规范、行为准则等企业的意识形态的功能应用于企业，以解决现代企业管理中出现的问题。目前信息技术已广泛应用于各种中小企业，它在企业的运作和管理中起到了不可替代的作用。因此信息技术与企业文化建设是相辅相成的，在推动企业文化建设的过程中，企业应该正确把握二者之间的关系，将其有机结合，使之相互补充、相互促进，共同为提高企业核心竞争力、推动企业稳步、快速发展服务。

4.1.1　淘宝网的企业灵魂

由阿里巴巴集团在 2003 年 5 月 10 日投资创立的淘宝网，目前已经成为全球知名的网络零售商圈。通过结合社区、江湖、帮派来增加网购人群的黏性，并采用最新的网购模式。淘宝网现在业务跨越 C2C（个人对个人）、B2C（商家对个人）两大部分。淘宝商城整合大量品牌商、生产商，在商家和消费者之间搭建一座桥梁。著名互联网分析机构艾瑞咨询调查显示，淘宝网占据国内电子商务 80% 以上的市场份额。曾经作为一个名不见经传电子商务零售企业，能在短短十多年时间发展壮大为亚太乃至全世界最大的移动电商，这和淘宝的企业文化及经营策略有着紧密联系。良好的企业文化，对于企业的成长及发展有着巨大的推动和促进作用，对于淘宝网而言也不例外，如图 4-1 所示。

图4-1 淘宝网主页

淘宝网作为在信息技术条件下诞生的新生代的互联网企业，正是由于它诞生了与众不同的企业文化，才能创造一个又一个奇迹。淘宝的企业文化，或许就是马云的“六脉神剑”文化的具体显现，所谓六脉神剑是指：客户第一、拥抱变化、团队合作、诚信、敬业、激情。“六脉神剑”文化的内容其实是管理者们耳熟能详的一些词句或口号，但在马云看来它却成为了淘宝的文化精髓。简单地说，淘宝企业的文化可以归结为三个方面：倒立文化、武侠文化、店小二文化。

1. 倒立文化

淘宝网这个从“非典”时期开始建立的企业，倒立作为它特有的一种文化，也起源于此。当淘宝网刚成立时，有员工被认为患上了非典，整个创业团队成员都被隔离在家里工作。员工为了保持身体健康，不依靠任何健身器械，选择了在家里倒立这种活动作为健身方式——倒立成为了整个公司的热门运动，如图 4-2 所示。

图4-2 倒立文化

马云之所以推广倒立文化，一是因为偶像效应，马云的偶像便是那一时代的排球女将的扮演者——荒木由美子，因为扮演角色的需要，她在家里天天练习倒立。当马云邀请她参观淘宝本部时，淘宝员工以练习倒立来表达他们欢迎的方式。更重要的是倒立看世界有独到之处。

倒立起来看世界的角度和平时是完全不一样的，这样可以用另一种角度去观察世界，让人感觉迥异，豁然开朗。淘宝当初进入市场面临着极大的挑战，它要和非常强大的传统市场博弈，无异于以卵击石，如果不换个角度看问题，只采用传统的角度思维，在激烈的市场竞争中，很容易迷失方向。正是这种倒立文化让他们找到了新的认知世界的角度和方法，从而一直保持旺盛的创新。例如推出阿里旺旺、允许淘友自由沟通，开设独特的男人、女人、香港街等频道，推出的“你敢用、我敢赔”的第三方支付系统支付宝，都是“倒立”文化带来的创意。

倒立作为一种难度较高的运动，一个人可能做不到，但在有人帮助的条件下，就一定能成功，这也就是马云所推崇的“团队合作”。淘宝网作为信息时代的互联网企业，只凭借少数几个人的努力是很难做成功的，正是由于有了团队的精神，才不断地做强做大。

2. 武侠文化

在淘宝里，所有的员工包括这里的领导都采用武侠小说中的花名来称呼，淘宝的会议室或办公室也按武侠里的场景取名，比如说桃花岛、黑木崖，如图 4-3 所示。在这样的工作氛围中，张三丰、萧峰、郭靖等在灵鹫宫、桃花岛中穿梭，让人有种穿越时空的感觉。很显然，马云就是要用这种武侠文化的正能量在员工中培养出一种狭义精神，让这种只在武侠小说或电影中出现的精神风貌，在整个企业中营造一种弥足珍贵的价值观。淘宝的企业文化，从形式到内容，都渗透着一种武侠气息，淘宝网的客户来自全国各地，五湖四海，因此马云希望用金庸文化作为切入点，在淘宝网平台营造出一种理想的经营管理秩序——行侠仗义、互利互现、公平、合理及诚信。

3. 店小二文化

《淘字经》开头就写道：淘之初，做小二，爱客户……对此淘宝公司的解释是：店小二，就是跑堂的，搞服务的，淘宝公司员工的定位就是为买家、卖家服务，如图 4-4 所示。

图4-3　马云的侠客装扮

图4-4　淘字经

在各种影视节目中经常可以看到，以前的那些茶馆、客栈里的店小二，他们看到客人就打招呼，照顾得非常周到体贴。而淘宝中的店小二则是用来指这些为网站服务的工作人员，店小二这一词语的使用，表现出一种对淘宝员工的定位，就是为顾客服务的人。因此在所有淘宝员工的账号下面都会增加一个小小的“店小二”称谓，每个淘宝员工，既是一个大侠，又是一个店小二。淘宝的“店小二”文化就是希望淘宝员工可以学习旧时代店小二的那种殷勤好客的服务态度。

淘宝网能不断地成长壮大，也许正是有互联网这样的一个江湖。在互联网上做买卖，相互是摸不到的。和顾客进行沟通显得更加重要，用他们比较熟悉的称呼会显得比较有亲和力，很多复杂的问题也会迎刃而解。

4.1.2　IT 业巨人——谷歌的企业文化

无论是谷歌的佩奇还是百度的李彦宏，搜索引擎企业的管理者们都很清楚：严格的管理不能统率带着创意上路的团队。传统企业的管理规则约束了企业员工的工作细节，同时也限制了他们的创新能力，但是在依靠技术研发以创新求生存的 IT 公司，这些规则就失去了原来的活力，显得不太适应。

为了让企业在激烈的竞争中脱颖而出，知名的 IT 大公司几乎都有强有力的企业文化，他们重视各级管理人员及其领导艺术，注重公司企业文化的熏陶和促进作用，其直接成果就是这些企业的经营业绩远远胜于那些没有企业文化特征的公司。

例如谷歌的企业文化就很有代表性。美国前总统肯尼迪曾经说道："如果价值是文化的灵魂，那么英雄就是这些价值的化身和组织机构力量的集中体现。"信奉个人主义以及塑造英雄，是美国企业管理文化的"中流砥柱"。这一方面给企业内部员工提供学习的榜样，树立绩效的标准，刺激员工积极进取，相互竞争；另一方面，也可以对外作为公司的象征，成为公司的形象代表。

美国企业文化注重个人英雄的巨大影响力，为了争夺本土化人才，往往不惜重金。谷歌与微软对李开复的争夺就是很好的一个例子。李开复曾荣登《商业周刊》1988 年"年度最重要科学创新"榜，在语音识别、人工智能、三维图形及网络多媒体等领域享有很高的声誉。1998 年 7 月，他受比尔 · 盖茨之邀加盟微软公司，同年 11 月出任微软中国研究院院长。2000 年升任微软全球副总裁。在外人看来，李开复在微软可谓春风得意，然而他却在 2005 年 7 月 19 日突然宣布跳槽谷歌，出任其中国区总裁，负责中国研发中心的运营。微软当日就向华盛顿州地方法院提起诉讼，指控谷歌和李开复违反了"同业禁止"协议。9 月 14 日，位于西雅图市的华盛顿州金县法院做出初步裁决，允许李开复任职谷歌中国研发中心，但对其工作内容进行了限定。李开复对于中国的年轻学子有着巨大的号召力，为了能够抢到中意的人才，谷歌不惜和 IT 巨头微软诉诸法律，其对个人英雄的重视可见一斑。

在美国加州的"硅谷"，企业普遍推崇的理念是"允许失败，但不允许不创新"，"要奖赏敢于冒风险的人，而不是惩罚那些因敢冒风险而失败的人"，许多企业重金资助创新研究人员，并承担研究风险。如果研究失败，不仅不会受谴责，而且还允许回到原来的工作岗位，享受原来的待遇。正是这种强烈的冒险精神与创新意识，成为许多成功的企业保持活力的力量源泉。

谷歌公司特别注重员工的创造性思维，它要求工程师们每周都花一天时间在个人感兴趣的项目上，这一特点在其中国区总裁李开复的身上体现得也很明显。这种近乎强制性的要求带来了 Google News 等新服务品种出现，根据数据显示，这项服务现在每个月都能吸引 710 万浏览者，同时也导致了社区网络站点 orkut 的出现，目前它已经被整合到整个搜索网站之中。

在聪明绝顶的工程师、数学家和卓有见识的科技专家的带动下，谷歌不遗余力地把他们所能做到的一切做到极限。这家公司独特的 DNA 来源于他们年轻的创办人——佩奇和布林。正如佩奇喜欢说的，他们"对所有的不可能保持一种健康的怀疑态度"。

4.2 智慧城市就在我们身边

4.2.1 IT 引领智慧城市

案　例

"八达通（Octopus）"是香港著名的电子收费系统，也是香港的一张名片，如图 4-5 所示。普通公众可以用它搭乘各种交通工具和进行小额交易。在一些场所，它甚至可以当作通行卡使用。

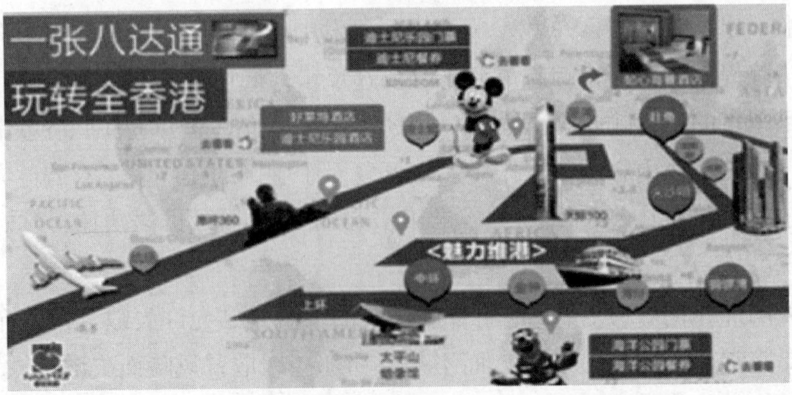

图4-5　八达通卡

“八达通”于 1997 年推出，最初只是设计用于乘车付费。到 1999 年的时候，八达通业务扩展到零售服务业。在 2003 年 到 2004 年间，八达通正式融入到香港政府的收费系统中。人们可以利用“八达通”进行停车咪表缴费，支付政府公共设施使用费等。2013 年，八达通宣布与网络供应商商讨合作，推出带有八达通功能的 SIM 卡，通过移动电话提供电子交易服务。在一些学校，八达通已经被纳入到“校园管理系统”，可用做学校的门禁、考勤、收费等工作。在香港，八达通已经十分普及，从高级商场，到便利商店，乘车、搭船、餐饮，几乎在任何地点，人们都可以利用八达通进行交易。使用八达通时，只需将卡片放到读卡机附近，0.3 秒之内，“嘟”的一声后交易就完成了。“八达通”最大的好处在于免除了人们使用硬币的烦恼。出门在外，携带一张八达通卡比携带又重又大的硬币要方便得多。八达通的另一大特色是，它可以允许欠账消费。

“八达通”的形态多种多样。通常的八达通是卡片形状的；迷你八达通卡为普通八达通卡的三分之一大小，而且卡上附有活动钥匙扣，十分方便易用。此外，还有“八达通手表”，“八达通诺基亚电池盖”，“八达通 3D 公仔”等。可以这么说八达通是世界上最成功的一种电子货币。它的本质是一种非接触式智能付款系统。

在香港，拥有一张八达通卡是一个明智之选，它不仅可以让你方便地搭乘地铁、巴士、渡轮，而且还可以支付各种小额消费。“嘟”的一声，就完成了烦琐的交易过程，真正实现“一卡在手，行走自由”。

这就是香港智慧城市应用案例的一部分。目前，在世界各地，随着城镇化的不断加速，城市安全、交通拥堵、环境污染、能源短缺、信息孤岛等问题是摆在城市建设者和管理者面前的严峻挑战，为了更好地应对上述挑战，解决城市发展中的问题，推进智慧城市建设，也就是城市向智能化发展，是未来城市发展的必然方向。

1. 智慧城市的定义

所谓“智慧城市”就是运用信息和通信技术手段感测、分析、整合城市运行核心系统的各项关键信息，从而对包括民生、环保、公共安全、城市服务、工商业活动在内的各种需求做出智能响应。其实质是利用先进的信息技术，对城市进行智慧式管理和运行，从而为城市中的人们创造更高效、更美好的生活，促进城市的和谐和可持续发展，如图 4-6 所示。

图 4-6 智慧城市系统

智慧城市作为新一轮信息技术变革和知识经济进一步发展的产物，它的本质在于信息化与城市化的高度融合，是城市信息化向更高阶段发展的表现，也是在数字城市建设的基础上，向智慧化和网络化发展的新趋势。智慧城市以互联网、物联网、广电网、电信网、无线宽带网等组合为基础，它是以智慧技术高度集成、智慧产业高度发展、智慧服务高效便民为主要特征的城市发展新模式，因此，智慧城市的功能建设远远高于数字城市，这两者之间是有着巨大的差别的。

智慧城市将成为一个城市的总体发展战略，成为经济结构调整，产业升级，提升城市品质的新引擎，以改善人民生活幸福感，提升企业的经济竞争力及可持续的城市发展为宗旨，反映了更高层次的城市发展理念和创新的精神。

2. 智慧城市的特征

智慧城市作为一种全新的城市发展模式，是信息化、工业化和城市化相结合的产物，从它诞生的那一刻起，就以一种独特的形式引领城市发展的潮流，展现出不同的城市运作方式，为人们的生活提供极大的便利，主要有以下特征：

（1）信息无处不在。基于云计算、物联网、移动互联网及大数据等基础信息平台，持续地通过信息终端为用户提供信息服务，信息需求者可随时随地按需获取，从而提高了环境的友好性，提升了城市管理的效率和科学性。

（2）信息融合。智慧城市的本质是融合，以信息融合为基础的城市运行系统之间的交融协作，从而达成有效的服务和管理。

（3）服务以人为本。以人为本是智慧城市建设的精髓，智慧城市核心是构筑面向市民的广泛的、机会均等的城市服务体系，无论信息化、现代化程度有多高，最终的服务对象还是城市中生活的“人”。

（4）统筹资源配置。一个城市的运作需要各方面协调配合，包括交通、教育、医疗、金融、企事业单位、政府机构等，必须统筹安排各方面的活动和资源配置，任何一个环节出现错误将可能导致城市的运作出现混乱。通过信息技术与其他资源要素优化配置并共同发生作用，从而减少城市的资源消耗和浪费。

3. 智慧城市的内容

智慧城市的概念把城市本身作为一个生态系统，城市中的交通、能源、通信、商业、医疗等构成了一个个子系统，这些子系统之间不再是独立的，而是普遍联系、彼此影响的整体，使城市不同部门和系统间实现信息资源的共享，对城市的管理和发展做及时的预测和决策，因此智慧城市所涉及的内容是非常广泛的，它的典型应用主要包括以下方面：智慧食品系统、智慧医疗、智慧城管、智慧交通、智慧家居、智慧农业、智慧电网等。

4. 智慧城市的国际实践

目前，世界各国正在积极推进智慧城市的建设，它正成为各国竞相角逐的新赛场。下面简要介绍世界上几个有代表性的智慧城市，如图 4-7 所示。

图4-7　智慧城市

（1）美国迪比克市

迪比克市是全球第一个智慧城市，如图 4-8 所示。2009 年，爱荷华州迪比克市与 IBM 共同宣布，建立美国第一个智慧城市。迪比克市计划利用物联网技术，在一个有 6 万居民的社区里将各种城市公用资源（水、电、油、气、交通、公共服务等）连接起来，监测、分析和整合各种数据以做出智能化的响应，以降低城市的能耗和成本，更好地服务市民。迪比克市首先是向所有住户和商铺安装数控水电计量表，其中包含低流量传感器技术，用来防止水电泄漏造成的浪费。并且搭建综合监测平台，及时对获得的数据进行分析、整合和展示，使整个城市对资源的使用情况有清醒的认识。更为突出的是，迪比克市会向社会公布这些信息，使个人和企业对自己的能耗有更清晰的认识，增强他们的社会责任感。

图 4-8 美国迪比克市

（2）中国杭州市

杭州市为中国首批的智慧城市已经运行 3 年时间了，它是全国首个向公众免费开放室外 WiFi 的城市。无线宽带犹如城市的道路、排水系统等基础设施一样，是智慧城市建设的基础，杭州市设智慧城市即首选开放无线 WiFi，如图 4-9 所示。

图 4-9 中国杭州市

此外，杭州市推出了“手机市民卡”，可以实现菜场买菜、公交刷卡、租用公共自行车等多种付费，还可以应用在社区门禁、公司考勤、食堂点菜、餐饮打折等方面。

在医疗方面，杭州市对老人和亚健康人群开发了能够随身携带的远程心脉终端，该终端能够采集脉率、心电、血压等人体生理参数，通过移动网络实时传输到远程心脉平台，供医生、家属进行监测、分析和管理。

杭州市为旅游城市，更少不了智慧的旅游。来杭州的游客可以在到达景区之前网上订票，手机收到二维码，只要将手机对着无闸检票机刷一下，就可以快捷地进入景区。目前，杭州市已有 17 个景点安装了无闸检票机。

其实智慧城市并没有想象中那么神秘、抽象，它的一些功能已经在日常生活中得到体现，如公交卡、校园卡、手机银行等，早已在一些城市的很多方面推广应用。现在的电子地图不仅仅能进行定位，还可以对出行的路线进行最优化选择，包括路程最短、时间最短、不乘地铁、是否走高速等。同时在地图上还可以显示目的地附近的宾馆、美食等服务信息，让你真正能够切身体会到科技所带来的便利和舒适。因此，对于我们每个人来说，现在越来越能够感受到智慧城市带来的便捷。

4.2.2　IT 引领智慧交通

案　例

在上海市区，进入延安、南北、沪闽等高架路上匝道时，许多人都会注意到一块“红黄绿”三色牌。这些被称为“诱导板”的牌子，可以每天为市民报告道路信息：红色代表前方堵塞，行车速度每小时低于 20 公里；黄色表明前方拥挤，行车速度在每小时 20 ～ 40 公里；绿色代表一路畅通。在虹桥路、长寿路等主要道路上，“诱导板”还会根据道路现状即时发布信息。比如，到人民广场、上海火车站等城市地标处需多长时间，在某个停车场还有多少停车位；在某个公交站点，电子信息显示牌上不断滚动更新公交车到此站的距离，大概到达时间；在城市道路中央上空车道指示牌，有这样一个电子屏幕，在交通繁忙时段根据来往方向车流量变换该车道的车辆通行方向——这就是可变车道；在交通信息指挥中心的电子大屏幕上，各个关键路口、主要干道、交通枢纽等的道路通行状况实时地显示在指挥调度员的面前，便于他们及时向路面交通警察发布道路管理信息，指挥车辆和行人的通行，同时及时通过广播、网络等平台向广大驾驶员公布实时路况……这些智能化的交通信息指示，极大地提高了道路的通行效率，缩短了人们的出行时间，缓解了城市道路的拥挤状态。

这些交通智能化设备的使用及城市交通综合信息平台的出现，正是目前城市智慧交通建设的实践之一。近年来随着经济的高速发展，私家车逐渐深入人们的生活，人们在享受汽车带来的出行便利时，严重的交通堵塞，又让人麻烦无限。每逢道路通行高峰期，便会出现大堵车，马路变成巨大“停车场”，万千蠕动的车辆，白白地耗费着能源，不停地制造着尾气和噪声，严重影响着人们的生活和城市生活的质量，如图 4-10 所示。

图4-10　拥堵的马路

因此采取行之有效的方法和措施来提高城市道路交通的安全性和通行效率就成为城市交通管理者面前最为紧迫的工作任务。伴随着新的信息技术、通信技术和传感器技术的出现，专家们在“智能交通”的基础上提出了“智慧交通”的理念，为城市交通的发展提供新的模式。

1. 智慧交通的定义

那么什么是智慧交通呢？在了解智慧交通前，先了解一下什么是智能交通？

智能交通系统（Intelligent Transport System，ITS），是在 20 世纪 90 年代初

美国提出的概念，是指将先进的信息技术、数据通信传输技术、电子传感技术、卫星导 航与定位技术、电子控制技术以及计算机处理技术等有效地集成运用于整个交通运输管理体系，而建立起的一种在大范围内、全方位发挥作用的，实时、准确、高效的综合运输和管理系统。

智慧交通是在 2009 年由 IBM 提出的概念，它是在智能交通的基础上，综合了云计算、物联网、大数据、移动互联及传感技术为一体的，采用高新信息技术来采集交通信息，及时分析、处理，提供实时交通数据下的交通信息服务。

这两者既有区别又有联系，智能交通系统的目的是使交通的参与者人、车、路密切配合，运行和谐有序，发挥三者间的协同效应，提高道路交通的运输效率、保障交通安全、改善道路运输环境并增强能源的利用率，减少噪声和污染；而智慧交通则是在智能交通和数字交通的基础上发展起来的更高级阶段的交通模式，是交通发展模式的一次变革，它包含了数字交通和智能交通的一般内容，更强调从宏观层面运用信息技术解决交通事业发展中遇到的问题；此外它还强调用智慧的理念、辩证的思维，全面高效地提升交通管理和服务的水平，它的本质在于资源的统筹管理，实现人、车、路和环境的协调统一，如图 4-11 所示。

图 4-11　复杂的交通网

2. 智慧交通建设的内容

智慧交通的建设是一项庞大的工程，主要是对交通运输所涉及的三大资源的整合和应用，这三大资源是：基础设施包括高速公路、国省干线公路、桥梁、隧道、铁路、航道等；交通运输工具包括车辆、船舶、火车、飞机；相应的配套服务设施包括机场、火车站、码头、停车场、维修厂、驾驶培训机构、服务区、收费站等。智慧交通是在政府主导下，各方参与的一项系统工程，该信息服务系统建设的内容包括：智慧道路综合服务中心、智慧运输综合服务中心、智慧城市交通指挥中心、智慧港航综合服务中心。通过云计算中心、电子信息服务平台、智能公交电子站牌、远程监控及无线 WiFi 发射热点等，以互联网、智能手机终端和电子显示屏等多种形式向人们提供路况、公交换乘、出行建议、线路规划、公交到站时间预报等信息服务；为政府职能部门提供交通管理、城市管理、安全生产监控、治安管理、突发时间预警及应急决策等图像监控服务和信息支持。

3. 智慧交通的体系与特点

智慧交通系统是一个智力体系、知识体系、方法与技能体系、观念与思想体系、评价体系等多个子系统构成的复杂系统。它的显著的特征是：能及时、系统地向政府职能部门和广大的交通行为参与者提供有效的互动和信息服务，其与原来的交通管理工程有着本质的区别，如图 4-12 所示。目前智慧交通系统要解决的主要问题是：如何有效缓解道路压力、大幅降低事故率、提升公共交通服务水平和减少碳排放等方面。

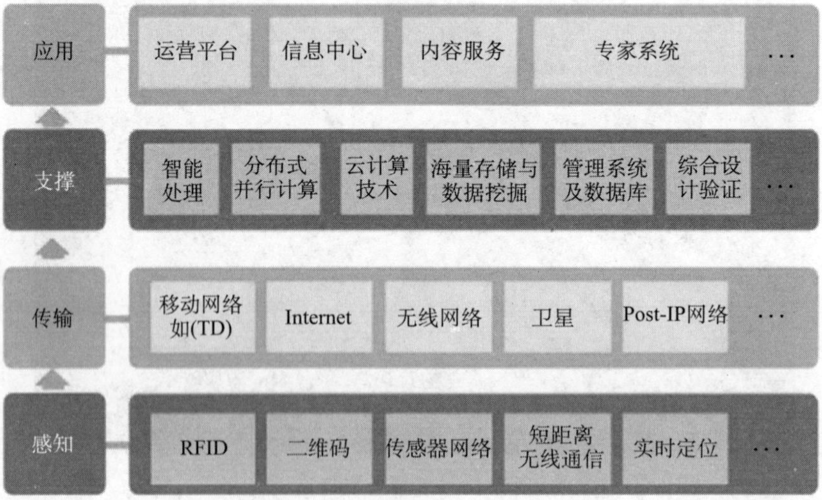

图 4-12　指挥交通系统框架图

4. 智慧交通在实践中的应用

目前在全球范围内“智慧交通”建设开展得如火如荼，世界各国及其各大重要城市都在大力推进智慧交通项目建设，已经研发并投入使用大量的先进的技术与产品，主要由以下几方面。

（1）城市道路违法抓拍技术

目前机动车违停、逆行、压黄线已经成为城市交通最大的问题，每年因违章停车、逆行等造成的拥堵、汽车追尾数以千万计，而且也关系到政府公信力、城市形象、民生问题。全自动违停抓拍系统采用先进的视频处理、独特图像分析技术，自动发现车辆违章禁停、逆行、压黄线等违法行为，由计算机自动控制球机或高清枪机完成违章行为检测、抓拍、录像的全过程，对道路交通进行全天候、全方位的有效监控。

（2）城市道路交通诱导系统设计技术

城市道路交通诱导系统设计技术是在现有城市道路交通管理基础上，利用现代信息通信技术，建设动态交通信息诱导和静态停车诱导系统，为广大出行者提供实时的交通信息和停车引导服务，以方便出行者选择最优行车路径，减少为寻找停车位而造成的延误，解决行车难、停车难的问题。该系统的应用，有利于提升停车效率和停车安全，同时也大大提升了突发事件情况下的应急反应速度，实现车、路动态平衡协同运作，使道路能够发挥最大效能、均衡交通流，提高路网的通行能力，最终达到交通有序运转，对打造“车路协同”特征的新一代的智能交通体系，提升城市形象，“构建和谐社会，打造平安城市”发挥着较好的促进作用。

将来智慧交通所规划出的是这样的一幅蓝图：汽车不再是一个冷冰冰的机械，它在未来其实可以与身边的汽车、卡车、道路、环境进行“交流”，并收集实时信息。汽车的健康度更有保障，也更加安全了。很快，红绿灯因此将淡出人们的视野。未来城市里，只要一条短信就能“规划”公交乘车路线；打开手机，各路口交通状况可一览无余；高速公路上，车辆违章照片可即时传输到千里之外……

4.2.3　IT 引领智慧农业

案　例

在英国，大部分农场已告别了手工挤奶，自动挤奶设备普及率达 90% 以上。机器人的作用不仅仅是挤奶，还要在挤奶过程中对奶质进行检测，检测内容包括蛋白质、脂肪、含糖量、温度、颜色、电解质等，对不符合质量要求的牛奶，自动传输到废奶存储器；对合格的牛奶，机器人也要把每次最初挤出的一小部分奶弃掉，以确保品质和卫生。目前，英国大多数养牛和养猪、养鱼场都实现了从饲料配制、分发、饲喂到粪便清理、圈舍等不同程度的智能化、自动化管理，如图4-13所示，这就是智慧农业在生产实践中应用的一个缩影，近年来，在农业领域，越来越多的国家和地区开始将信息技术应用于农业生产，形成农业生产的数字化和自动化，大大提高了农业生产的质量和效益。

图4-13 智能奶牛场

1. 智慧农业的定义

智慧农业就是充分应用现代信息技术成果，集成应用计算机与网络技术、物联网技术、音视频技术、3S技术、无线通信技术及专家智慧与知识，实现农业可视化远程诊断、远程控制、灾变预警等智能管理。

智慧农业是农业生产方式的一次变革，它将缓解人们繁重的体力劳动，它充分利用新兴的互联网技术、云计算和物联网技术为一体，并且在农业生产的现场布置各种传感装置与无线通信网络进行信息互通，实现农业生产环境的智能感知、智能预警、智能决策、智能分析、专家在线指导等监控、管理功能，使农业生产系统的运转更加有效，增强农产品竞争力、保持农业可持续发展、能源的有效利用和实现环境保护。

智慧农业与现代生物技术、种植技术等高新技术深度融为一体，对建设世界水平农业具有重要意义，如图4-14所示。

图4-14　智能化蔬菜大棚

2. 智慧农业系统主要功能

智慧农业是物联网技术在现代农业领域的应用体现，智慧农业的实施主要包括监控功能系统、监测功能系统、实时图像与视频监控功能。

（1）监控功能系统：根据无线网络获取的植物生长环境信息，如土壤水分、土壤温度、空气温度、空气湿度等参数，实现所有基地测试点信息的获取、管理、动态显示和分析处理，然后以直观的图表和曲线的形式显示给用户，管理人员根据以上各类信息对农业园区进行相应处理，如自动灌溉、自动降温、自动卷模、自动进行液体肥料施肥、自动喷药等。

（2）监测功能系统：在农业园区内实现自动信息检测与控制，通过配备无线传感节点，实现信息采集和信息无线传感传输，每个无线传感节点可监测土壤温度、空气温度、空气湿度、光照强度、植物养分含量等参数，将获取的这些信息与植物生长所需的环境指标进行比对，如发现存在较大差异，则通过各种声光系统或短信系统向监测人员进行报警，及时进行处理。

（3）实时图像与视频监控功能：通过检测功能系统，农业生产管理人员能获得一些数值化的信息，但是这些信息有时并不能完全反映农作物生长环境。为了保持农作物的最佳生长状态，必须给农作物提供最佳生长条件。视频与图像监控系统的引入为农业生产管理人员提供了直观获取农作物生长环境的手段，他们所看到的图形、图像更加直观真实。引入视频监控系统，农业生产管理人员可以从实时的图像或图片中了解农作物生长的实时状态，直接观察农作物的生长态势，为农户的科学种植提供决策理论依据。

3. 智慧农业的应用领域

智慧农业能够有效改善农业生态环境，同时也可以显著提高农业生产经营效率，能够彻底转变农业生产者、消费者观念和农业组织体系结构，有良好的发展前景，主要应用于以下领域。

（1）监控农业生产环境：通过设置在农田、温室、花园及其他目标区域的大量的传感器节点，实时采集农作物生长的温度、湿度、光照、气体浓度、土壤水分等信息，并将其汇总到控制系统。农业生产管理人员可以通过数据分析监控环境，针对农业生产的需要提供必要的生产资料和设备，对农作物生长的环境进行调整，实现农业的智能化生产。

（2）监测食品安全：利用信息技术，建立农产品追溯体系。通过对农产品的有效识别和对加工环境的可靠监测，有效地进行质量控制，确保农产品安全。利用物联网技术在农产品的生产、加工、流通和消费环节，实现全流程的严格监控，终端用户可以利用智能产品快速了解食品的生产环境和生产加工过程，将食品生产的各个环节完整透明地展示出来，提高用户对食品安全的信任度，保护合法经营者的利益。

4. 智慧农业的应用现状

在电影《阿凡达》中，潘多拉星球上的所有生物通过一种比人脑还要复杂的神经网络，连接成为一个有机整体，构成一个紧密而和谐的生态系统。而智慧农业是将信息技术综合、全面、系统地应用到农业系统的各个环节，把农业看成一个有机联系的整体。目前世界各国在智慧农业应用方面取得较大的突破。

（1）在山东寿光，蔬菜贴上了“安全标签”。借助二维码追溯系统，消费者购买寿光蔬菜时，只需用手机“扫码”，即可随时随地上网查询产品认证状况等信息，并可及时举报虚假、错误信息，实现了从“田间”到“餐桌”的蔬菜生产、流通及消费的全过程监控。事实上，不仅是在农产品流通领域，世界各国的农业工程师们早已将传感技术和计算机网络这些技术融入到农业生产当中，将农业器械打造得极其智能，让人惊叹不已。

（2）美国东伦敦综合技术学院土地管理系研制出一种激光拖拉机。该拖拉机利用计算机系统导航装置，不仅能够准确无误地测定其所在位置及运行方向，使误差不超过 25 厘米，而且能够根据送入农场计算中心的电子图表，查找出该处土地的湿度、化学成分、排水沟位置和其他一些特点；它还能准确计算出最佳种植方案，所需种子、肥料和农药数量等。一人在室内荧屏前可操纵多台激光拖拉机进行耕作，耕作速度快，且可减少种子、肥料和农药消耗，节约生产成本50%，提高作物产量20%。

（3）澳大利亚推出一种能识别芳草的喷雾器，它在田间移动时能借助专门的电子传感器，来区分庄稼和杂草。当发现莠草时，则喷出除莠剂。这样花费的除莠剂只有常规除草的1/10，减轻了对环境的污染。

4.2.4　人类五官的延伸——传感器

不论是智慧交通还是智慧农业，除了依靠信息技术以外，还要高度依赖传感器技术。在很多工农业生产中利用信息技术进行自动化操作控制，首要的工作就是要获取相关信息，而传感器是获取自然和生产领域中信息的重要途径与手段。

传感器（transducer/sensor）是一种检测装置，能感受到被测量的信息，并能将感受到的信息，按一定规律变换成为电信号或其他所需形式的信息输出。通常的传感器由两部分组成：敏感元件和转换元件，其中敏感元件是指传感器中能直接感受被测量的部分，转换元件是指传感器中能将敏感元件输出量转换为适用于传输和测量的电信号部分，传感器如图4-15所示。

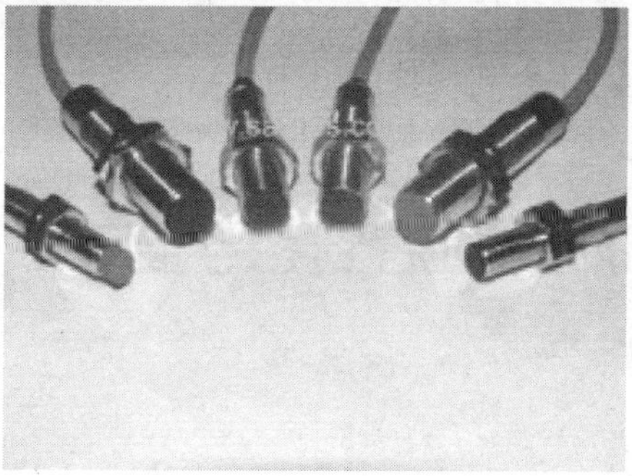

图4-15　传感器

如今传感器在工业生产、环境保护、海洋探测、医学诊断、生物工程等领域被广泛使用。正是因为传感器能获取大量人类感官无法直接获取的信息，所以众多性能优良的传感器设备，成为了现代化工农业生产的基石。

随着新技术和新产品的出现，传感器在外形、功能、尺寸上有了很大改变，但是它们也包含一些共同的特征：网络化、数字化、智能化、微型化、系统化等，新产品的出现不但能促进传统产业的改造和升级换代，而且在一些自动化和智能化应用方面开创了广阔的前景。

传感器虽然种类各种各样，但它们的功能与人类的5大感觉器官很相似，因此传感器可以看做是人类五官的延伸。概括的说包括以下五类功能：

- 光敏传感器类似于视觉；
- 声敏传感器类似于听觉；
- 气敏传感器类似于嗅觉；
- 化学传感器类似于味觉；
- 压敏、温敏、流体传感器类似于触觉

其中敏感元件作为传感器的重要的组成部分，主要包括物理、化学、生物等类别，例如物理类敏感元件主要对力、热、电、光、声和磁等产生感应；化学类敏感元件主要针对化学反应产生感应；生物类敏感元件主要针对抗体、酶、激素等分子信号进行识别。根据传感器的制造原理、技术及功能可以分为很多类别；主要包括振动传感器、湿敏传感器、磁敏传感器、气敏传感器、真空度传感器、生物传感器等，种类繁多。

传感器在我们的生活中是普遍存在的，并不是那么神秘莫测。例如，我们所使用的手机触摸屏、消防用的烟雾探测器、楼道中的声光控开关、温度报警器、银行酒店门口的自动门等都是传感器的应用实例，这些传感器的使用极大地方便了我们的生活，也让人们体会到科技的魅力。

4.3 足不出户就可活到老学到老——远程教育

案　例

微软公司总裁比尔·盖茨是当今信息产业领导世界潮流的人物之一，盖茨童年的梦想是："在每张书桌上、在每个人的家里都有一台计算机"。现在，盖茨的梦想是："世界各地的人在自己家中就能学习最好的课程、学习任何科目、由世界上最好的老师讲授。"这个目标是美好的，如何将这样的理想尽快转化为现实，这正是当今世界各国教育行业与信息技术产业所共同肩负的重大历史使命。坐在家中，足不出户，轻点鼠标上网就能实现自己的学习梦想，特别是信息化的今天，“随时随地学习、终身学习”的观点已得到大多数人的认可；无论是学龄儿童，还是刚从校园毕业参加工作的青年人，还是事业有所成就的中年人，还是已退休在家修养的老人，他们或许有在正规学校、大学或成人教育机构等接受学习培训的经历，但是他们也许更加希望能在家庭、在工作中、在社区等非正规环境中继续学习的愿望，这时传统的教育模式很难满足这些人群的需求，信息时代的网络教育产品的出现恰好与学习者的需要有机地联系起来，任何人，只要具备上网条件就可以在任何时间、任何地点任意接入互联网，并可以自主地选择学习内容，真正实现“活到老，学到老”。

信息社会中，大量的电子教育传播媒体设备被开发并应用于教育教学过程，这为人们提供了在非正规教学环境中独立自学的机遇。特别是以互联网为标志的信息高速公路的出现，使教育的内容更加充实，即时性、多样性、视听双重性成为教育信息的三个特征，教育形式打破了时空的限制，不再拘泥于传统的三尺讲台，实现了教育传播手段的现代化、传播信息的多样化以及传播过程的自动化。信息技术的充分利用正在逐步将教育从全日制模式、函数模式向远程教育模式转变，如图 4-16 所示。

图4-16　远程教育

4.3.1　全日制教育

全日制主要是根据学习时间不同的一种分类方式。全日在校学习的学习机构，称为全日制学校，学生全天在校上课，以教学为主要任务和目的，它与业余、函授、自考等学习形式的学校有很大区别。

全日制教育是一种教育形式，而不是教育类型的一种。那些采用每周每天至少 4 课时组班教学，以白天上课为主而不是以晚上和周末为主的教学形式，可称为全日制教育。学生在学校或教育机构的大多数时间从事学习活动。根据办学层次，全日制教育分为小、初、中、高四级学校教育和全日制国民教育。

所谓“全日制国民教育”，又被称为全日制普通高校，全日制大学，根据教学需要安排固定的时间在学校学习，除全国统招外，其他的学历都被称为非全日制，也就是业余制，就是社会在职学历，这种教学形势比较灵活，可以根据专业情况决定教学安排，常说的成人、电大、自考、函数、夜大等成人类教育学历，都是非全日制学历。

全日制教育作为国家的一种主要的教育形式，在经过多年的实践和探索过程后，逐渐形成了特定的教学模式和特色，在多种教学模式中形成了自身的优势和特色。

■入学方式：教育部门统一组织考试。

■学习方式：班级制全日制上课，实行面授。

■学习难度：教育实行严进宽出。

■学习内容：课堂教学的内容包括德、智、体、美等，重在知识的教育，人生的教育，强调对学生人文素质的培养和知识技能的训练。

总体上全日制教学模式的教学系统性强，管理严格规范，学生有良好的学习环境，具有较高的学习效率，教学人员、师生之间有充分良好的交流。尽管传统的全日制教学模式得到社会的充分认可，但是也具有一些缺点和不足，例如传统教育模式强调教师在教学中的主导地位，且以知识的传授为中心，在一定程度上限制了学生的个性和创造性的培养，不能充分发挥学生的主动性与潜能；校内的课堂教学活动以教师为中心，学生只能被动接受教师的授课内容，学习内容局限性较大，资源较匮乏，学习比较被动，所学知识有时不能跟上时代步伐，与实际生活脱离等。

4.3.2 函授教育

函授教育（correspondence education）是运用通信方式进行的教育。学员利用业余时间，以自学函授教材为主，由函授学校给予辅导与考核，并在一定时间进行短期集中学习和就地委托辅导。

高等学校举办函授教育，在学习内容、课程安排和修业年限等方面比较灵活多样。可以办本科、专科，培养高级专门人才；也可以开设若干单课，供学员选学；还可以开设一些新技术学科，为在职人员提供新的科学技术教育的机会。本科和专科的修业年限可长可短，可实行学年制，或实行学分制。

高等学校举办的函授教育，参照全日制高等学校相应专业的教学计划和教学大纲进行教学，并通过严格的考试制度，保证毕业生达到相当于全日制高等学校同类专业的水平；函数教育根据教学工作的需要，依靠有关单位建立函授站，或采取巡回辅导等办法，以此来加强对函授生的组织管理和学习指导。

函数教育教学方式比较灵活，学员不用脱产学习，可以将学习时间安排在业余进行，它的主要教学形式有两种。

■ 函授：这种教学方式以平时自学为主，每学年定期在寒暑假安排一定时间集中面授。函授教学的主要教学过程有辅导答疑、作业、试验、实习、考试、课程设计、毕业设计及答辩等。学校会根据学员的实际情况制定统一的课程表安排学员上课，让学员工作学习两者都能兼顾。

■ 业余：这种教学方式学习时间安排在夜晚或双休日。学员主要是社会的在职人员，有各自的工作、生活，很难集中大量的时间脱产学习，同时也希望上课和上班两不误，这种业余的教学方式主要站在考生的角度上来进行安排的，这样可以解除上班族的困扰，在业余的时间把学习处理好，工作也不会耽搁，一举两得。

函授是非全日制教育的一种形式，作为全日制教育形式的一种补充，深受广大在职进修人员的欢迎，它具有以下特点：

■ 学员在教师指导下自学，按照函授教学大纲、教学计划的安排在业余时间开展学习。

■ 学习形式灵活机动，适应于各行各业的学员学习。

■ 学员学习不脱产，收效快。

■ 专业设置具有针对性、实用。

■ 各院校可以充分利用现有师资和教学设施，节约办学成本。

■ 函授学历有两种：函授专科学历和本科学历。

随着信息技术的发展，高等网络教育的出现可以看做是函授教育的延伸，但高等网络教育同函授教育有很大的区别，形成了另一种独立的成人教育形式。

4.3.3 远程教育

随着信息社会的不断发展，传统教育越来越不能适应社会的发展要求。新的信息化教育的教学组织形式不再仅限于传统的“班级授课制”，而是传统教育、差别化教育、远程教育等多种办学形式相互结合并存，远程教育作为一种新的教学方式使受教育者又多了一种新的选择。

1. 什么是远程教育

联合国教科文组织主管教育的处理总干事丹尼尔博士曾说："开放网络学习是20世纪教育领域的一项重要革新，21世纪我们所面临的艰巨任务就是要充分利用开放网络学习的潜能，从而使人类最终达到宣称已久的人人享受优质教育的目标。"可见远程教育将成为人类将来获取知识接受教育的重要方式，将会越来越受到人们的重视。

远程教育，又被称为网络教育，是指使用电视及互联网等传播媒体的教学模式，它不受时空的限制，是成人教育学历中的一种。现代远程教育是随着信息技术的发展而产生的一种新型教育方式，通过计算机技术可以将音频、视频等课程信息传送至校园外的一处或多处学生，主要采用多种媒体形式进行系统教学，它兼容面授、函授及自学等教学模式的特点。

通过远程教育进行学习的学生通常是业余进修者，学生可以通过电视广播、互联网、辅导专线、面授、函授等多种不同方式学习，不需要到特定地点集中上课，上课时间可以自由安排，随时随地进行学习，对学习时间握有主动权；远程教育的招生条件比较宽松灵活，学员不受地域、年龄和先前学历的限制，均可选择参加远程教育进行学历的提升和知识能力的的扩展，随着社会节奏的加快，远程教育已成为一种便捷的学习方式，越来越受广大学员的欢迎。

2. 远程教育的特点

随着电视、电话、计算机、互联网的逐步普及，各种远程教育机构随处可见，参加远程教育学习的学员正在逐年增多，学习形式多种多样，他们的目标主要是学历提升、职业技能培训及网上充电。作为信息时代一种新的教育模式，远程教育的教学方式和教学过程有着很多鲜明的特点：

（1）远程教育具有互动性。在网络模式下，教师和学生并非面对面，但可以在任何时间、地点，使师生之间、学生之间进行全方位的双向互动交流，这种方式跨越空间限制，实现实时或非实时的交互。教师通过网络对学生进行指导，学生利用网络向教师咨询。

（2）远程教育资源丰富、课程内容生动形象。网络教学材料一部分来自于网络资源库，另一部分是教师按照教学要求组织编写的电子教材，它们存在于一些特定的服务器，在网络上只要是有用的、能搜集到的都可以作为学习的材料，资源量非常大。由于网络课程中融入了多媒体技术，包括动画、影像和声音等，网络课程内容显得丰富多彩、模拟生动且有益于理解。

（3）远程教育资源共享、跨越时空。由于网络学习环境是个虚拟的空间，学生可以将一些国内外最好的学校、最好的老师、最好的课程等资源放到网络，供学员在任何时间、任何地点都可以学习到这些课程，这样有助于打破传统教育对时间和地域的限制，创造出让学习者真正在没有围墙的学校学习这样一个环境。

（4）远程教育以学习为中心，学习具有自主性。传统的课堂教学以教师讲、学生听为主要教学模式，学生的学习积极性和主动性较差，基本都是被动接受；而远程教育提供了一个自主学习的环境，学生可以根据需要自主安排学习计划、自主选择学习时间、地点和学习内容，将学生的主动性、个性化和积极性充分发掘出来，学生可以更自由地选择优秀教师及资源，使教育资源的施教能力得到充分利用。

（5）远程教育的适用对象为成人在职业余学习。已经就业的在职人员接受继续教育，很难集中长时间接受学习培训，他们更加希望边工作边学习，在教学内容上，要求具有较大的实用性，即学即用；教学形式要求比较灵活，自由度要求比较高。因此远程教育的教学对象可以分散进行、教学过程不用同步，真正解决了在职人员的工学矛盾。

远程教育是顺应代发展的一种新的教学模式，对教与学注入了新的内涵，带来了教育的深刻变革，创新了教育观念，推动了教育思想、教学方式的更新，是一个新型的、交互的、开放的学习系统。

4.4 互联网时代的新型政府办公模式——电子政府

案 例

新加坡是全世界最早推行“政府信息化”的国家之一，也是全球公认的电子政府发展最为领先的国家。新加坡电子政府最重要的目标是利用各种现代化的信息技术，例如电话呼叫中心、互联网、智能卡、电视等使公众能够更方便、快捷地获取政府服务。其中最典型的应用就是面向公民的门户网——电子公民中心，该中心于 1999 年 4 月正式建立，是全世界迄今为止发展最为成熟的政府对公民的电子服务模式，被公认为是设计最好的、最充分考虑到居民需求的政府门户网站。该网站根据公民的需要提供了一站式的服务，个人或是企业公民可以充分根据自身需求接受政府服务，而无须考虑政府机构与部门，该电子服务系统的效率和便利在全球享有极高的评价。

新加坡的电子公民中心可以看做是一个三维虚拟社区。在该中心可以实现所有政府机构的信息与服务的完整集成的传递。它完全打破了各政府各机构、各组织间的界限，将各种政府工作信息、流程与系统进行集成，力争向公众提供一个无缝的在线服务与事务处理。在这个社区中，人们可以完成自己的虚拟人生，而政府部门都是人生旅途上的一个个站点。医疗保健、商务、法律法规、交通、家庭、住房、招聘等信息都在你“人生之路”两边的建筑物里，它把每一个公民从出生到死亡整个生命过程需要跟政府打交道的事情全部归纳出来，然后把它分成各类并细化，人们可以找到从出生到死亡所需要的各种政府信息。例如在“国防大厦”里面，年轻人可以登记 2 年义务兵役；离退休人员查询退休金情况或者学生申请奖学金，又或者为新买的摩托车上户还是填写专利申请表格，一天 24 小时，每时每刻公众都可以到电子公民中心的站点去完成；比如：公民要结婚登记，就可以进到这个网站找结婚登记，然后它就会告诉用户应该一步一步怎么走，用户应该准备哪些文件，然后用户就在网上全部做完。这个网站对居民来讲，根本不需要知道是哪个政府部门帮他做了什么事情，而他自然地顺着这个网站的引导，把他要办的事就办完了，轻松获取相关政府信息和服务。

通过以上案例，可以知道在信息化大背景下，信息科学技术所改变的不仅仅只是社会和经济，同时还在促进政府自身管理方式的改变，目前世界各国都在关注并重视政府管理的信息化建设，通过电子政府和电子政务管理的形式来实现政府战略性改造，推动政府管理方式向高层次、高效率的目标发展。

4.4.1 电子政府和电子政务

一般认为美国是电子政府的发源地，电子政府的产生是伴随着信息技术在政府公共管理中的不断应用而发展起来的。电子政府的应用在很大程度上完善了政府信息管理，提高了政府运作的效率和效益，为政府管理部门与个人、企业之间的业务往来搭建了一座信息化桥梁。

1. 电子政府

所谓电子政府是指在信息技术与网络技术的基础上，在政府内部开展电子政务的过程中，促使政府机制和体系重组，重新构造新的政府管理形态，建立起网络化的信息系统，为政府、社会和公众之间提供方便、高效的政府服务和政务信息。“电子政府”是虚拟政府和实体政府的有机结合，并借助于信息化精简政府办事机构和简化办事流程，提高办事效率，为社会、为公众提供优质服务，从而有力地推动整个社会的信息化。

（1）电子政府的主要职能

电子政府是现实政府在虚拟空间的映射，这是一个虚拟的系统，但是却承担着政府的角色，现实政府的管理和服务功能在电子政府中得到体现。电子政府充分利用信息技术来支撑政府运作、管理政府各项事务并提供服务，它的主要智能体现在以下四个方面。

■ E- 服务：它以电子形式发布政府信息、计划及服务，促进政府转变工作方式，从被动服务变为主动服务，公民和企业可以不受时间、地点的限制，获取政府的方针政策及服务，它的主要实施途径是互联网。

■ E- 民主：它采用电子通信手段或通过网络实现公民参与公共决策过程，吸引公民参政议政，与政府官员实时进行互动交流，例如电子投票等。

■ E- 商务：以适应数字经济的发展、引导、规划和管理电子商务活动，建立电子商务的支撑环境，它包括实物和服务的电子交换，例如市民交付税和公共设施费用、续办车辆登记，或政府购买供给物品和拍卖剩余设备等，将政府的一些服务行为通过网络来实施完成。

■ E- 管理：即政府各机构和各部门实行计算机化、网络化、信息化，充分利用信息技术改进政府管理，提升行政、服务和管理等方面的效率，从流线化业务流程到维护电子记录，改善工作流程并对信息加以整合。

（2）电子政府的主要特征

相对于传统行政方式，电子政府的最大特点就在于其行政方式的电子化，即行政方式的无纸化、信息传递的网络化、行政法律关系的虚拟化等，主要有以下特征：

■ 电子政府的核心是依赖信息技术构建一个虚拟状态的政府及其部门结构体系，具有跨地域、跨机构的特性，24 小时在线，在政府、社会和公众之间建立良好的信息服务与办公机制。

■ 电子政府将实现扁平化网络结构、分权化、无缝隙政府，它的主要作用和目标是通过信息技术，高效率地为社会和公众服务，履行政府职能。

■ 电子政府建设与运行的结果将使基于工业化模型的大政府转化为以知识经济为基础的小政府，实现机构精简、优化、重组。

■电子政府和公民实现全方位的互动，电子政府对公众是开放的，而公众可以便利地参与政府事务。

2. 电子政务

所谓电子政务，就是政府机构应用现代信息和通信技术，将管理和服务通过网络技术进行集成，在互联网上实现政府组织结构和工作流程的优化重组，超越时间和空间及部门之间的分隔限制，向社会提供优质和全方位的、规范而透明的、符合国际水准的管理和服务。

电子政务作为电子信息技术与管理的有机结合，成为当代信息化的最重要的领域之一。电子政务的应用重构了政府、企业、公民三者之间的关系，使他们在社会事务的处理过程中显得更加协调，便于企业和公民更好地参与到政府工作，具有鲜明的特性：

■使政府工作更透明、更公开。

■使政务工作显得更有效、更精简 。

■为企业和公民提供更好的服务 。

■有利于政府的廉政建设。

■提升行政监管的有效性。

电子政务是在传统政务基础上发展起来的一种新的政府职能的具体表现形式，它的业务内容与政府管理社会的职能有较大的关联。在现代社会中，政府的行政管理职能与三个行为主体相关，它们分别是政府、企事业单位、社会公民。因此，政府的业务活动主要围绕着这三个行为主体展开。从电子政务服务的对象来看，电子政务主要包括三个方面内容：政府间的电子政务（G2G）；政府对企业的电子政务（G2B）；政府对公民的电子政务（G2C）。

（1）政府与政府的电子政务（G2G）

政府与政府之间的电子政务主要是指上下级政府、不同地方政府、不同政府部门之间的电子政务。他们之间涉及的业务内容包括电子信息共享和数据交换、电子办公、电子公文传输和处理、电子财务管理、电子劳保福利、电子后勤及电子档案等方面，政府之间的这些工作通过电子政务可以节省时间和费用，提高工作效率。

（2）政府与企事业之间的电子政务（G2B）

政府与企事业之间的电子政务是指政府通过电子网络系统进行电子采购与招标，精简管理业务流程，快捷迅速地为企业提供各种信息服务，主要包括：电子采购与招标、审批类电子政务、税务类电子政务、电子证照办理、信息咨询服务、中小企业电子服务等，例如企业可以通过电子证照办理各种证件和执照的申请、登记及变更等，大大节省了企业的成本和提高政府的办事效率。

（3）政府与公众的电子政务（G2C）

在传统的政府管理模式下，政府提供的服务基本是面对面的办公模式，公众能选择的余地很小，办事效率相对比较低。政府通过网络将所能提供的各种公共服务内容及办事程序向公民予以公布，并提供一站式、一网式等24小时便民服务；广大民众则能随时随地通过网络获取相应的服务，并且能及时对政府的工作效率、服务质量进行评价和监督，将相关建议和需求反馈到相应政府部门，加强对政府工作的监督，促进政府改进工作模式。政府通过网络为民众提供各种服务，包括从物质需求到精神需求，民众都可以从网络获取。这些服务主要包括：电子证件服务、公民卫生保健和生活需求服务、权益保护服务、电子信访和电子投诉等。

3. 电子政府与电子政务的关系

简单地从名称上，存在“电子政务”、“政府上网”、“电子政府”、“网络政府”、“虚拟政府”、“数字政府”等多种称谓，目前使用较多的是电子政府和电子政务，这两个概念有着密切的联系，但也存在较大的差别，主要表现在以下 4 点。

（1）电子政府和电子政务概念的内涵存在差别。电子政府强调对现有机构和工作流程优化重组后，重新构造新的政府管理形态，核心是构建一个网上“虚拟政府”。是一个实体概念，着重点在政府网络化；而电子政务主要是从政府业务角度上讲，强调的是管理和服务的变革和创新，是一个程序概念，主要是通过电子手段完成行政目的，着重点在政务。

（2）电子政府和电子政务处理社会事务的范围不同。电子政府所包含的内容比较广泛，包括政府机关的行政事务，还包括立法、司法及一些公共组织的管理事务，如检务、审务等，是与政权有关的公开事务；电子政务主要包括政府部门的行政事务，如政府对内部管理、政府之间的连通、对公众的公共服务等方面，不涉及立法、司法等方面。

（3）电子政务是电子政府的基础，电子政府是电子政务建设发展的方向和目标，要实现政府的电子化必须首先实现政务的电子化，电子政务是电子政府发挥过程中的一个重要环节，是电子政府的物化形式，因此电子政府和电子政务是形式和内容的关系。

（4）电子政府是一个虚拟的系统，但承担政府的管理和服务职能，电子政务是实现政府的部分政务的电子化结果，现实政府是电子政府建设的主体和仿真对象，电子政务是现实政务在虚拟空间映射的结果，两者间表现为主体和客体的关系。

由此可见，虽然电子政府和电子政务两者存在内在的联系，在表现形式上也存在一些类似之处，但是这两个概念在应用对象和核心理念上存在较大差别，不可以简单将两者等同。

4.4.2 未来的“卡片人”

随着中国城市化步伐的不断加快，城市人口规模越来越大，户政部门和公安部门对人口规范性管理逐渐增强，人口信息管理工作的业务量和难度都急剧增大。传统的手工录入及人工管理的方式存在效率低、易出错、易导致数据失真等缺点，已经难以满足当前人口信息管理工作的需要，如图 4-17 所示。

图4-17 市民卡

伴随着信息技术的广泛应用，人口户籍管理的信息化作为电子政务的一个重要内容应运而生。人口户籍管理的信息化与现有人口管理体制的管理模式是有较大区别的，它不是简单地沿用传统模式，而是依靠现代信息技术对现行的人口管理过程进行优化，对人口管理体制进行创新。实行人口户籍信息化管理模式后，户籍管理部门能更方便地对人口信息进行及时的收集、存储、处理和发布。

21 世纪信息时代，以智能芯片取代传统的本（户口本等）、表、册、证（身份证等）等形式，实行人口户籍信息化动态管理，是人口户籍管理的大趋势。借助信息技术将社会居民进行电子化，以电子公民管理形式取代传统居民管理模式，在全国推行电子公民制度。目前二代居民身份证存储有采用密码技术加密后的持证人身份信息，如姓名、性别、民族、出生日期、常住户口所在地住址、公民身份号码、本人相片、证件的有效期和签发机关等登记项目外，还包括公民常住户口所在地住址变动情况和换领、补领身份证的记载等内容，这些信息的存储和查询采用了数据库技术和网络技术，可轻松实现全国范围的联网快速查询和身份识别，也可以提供给公安机关与各行政管理部门进行网络互查。在使用过程中第二代居民身份证可以和读写器之间不用接触就能完成读取识别，这些技术的应用为实现“一卡通”人口管理信息化打下了坚实的物质和技术基础。此外在居民身份证存储芯片中的存储容量达到了 8MB，随着科技的进步，居民的 DNA、指纹、掌纹、声纹、虹膜等生物特征经加密后都可以存储到芯片中，依靠生物特征识别技术来进行个人身份的鉴定；将来还可以将居民的金融产品信息、公交出行、乘坐火车、飞机、轮船及购物日常应用集成到一张卡片中，使居民特别是流动人口不必办理和随身携带多张证卡，这样可以大大减轻持卡人的精神和物质负担，提高人口管理的效率。

伴随着信息技术的发展和普及，全国实现真正意义上的联网，通过网络能够随时获取个人资料，实现人口信息资源共享，通过读卡机能够随时获取个人资料，实现人口信息资源共享。随着情况的变化，可以随时修改居民的相关信息，真正实现人口管理的网络化、动态化，增强人口信息采集渠道的稳定性、提高录入信息数据的准确性，实现人口信息的主动收集，为最终实现户口登记以人为单位创造良好的条件。

因此依靠已经比较成熟的二代居民身份证相关技术，以居民个人为基础，建立个人电子信息档案，逐步推行“一卡通”信息化人口管理。这将有效解决人户分离、假证泛滥、人口统计失真、个人信用等问题，极大地方便居民的日常生活和社会事务的参与程度，真正实现人口管理的智能化、动态化、服务化和高效化。

4.4.3　从纸带到云盘——看存储方式的变迁

信息技术的优势在于信息处理的速度快、正确性高，而且存储能力强。传统的日常工作生活中，各种文件、报表、簿册、档案等是人们信息的载体，它主要是以纸张作为载体的记录形式存在于一切数据信息存储活动中，这就是人们常说的“白纸黑字”。信息技术的出现，促使人们改变信息的存储模式，各种数据、文件、档案等都以数字数据形式存储于各种存储设备和网络中，如磁盘、光盘、半导体存储器、云盘等。利用这些存储设备，可通过计算机快速检索查询、即用即调，具有较高的效率，打破了在时间、空间上的限制，使数据的访问显得更加便捷。

1. 纸质存储方式

原始的数据存储以纸质及实物为主，这种保存数据的方式具有比较明显的特点：保存时间长、不易损毁、易于阅读，但是存在占据空间大、调用效率低等缺点，因此在数据存储过程中易受各种客观条件的影响，对于大批量数据的存储和访问很难满足社会发展的需要。电子数字化技术的出现，将数据的存储方式从存储介质和存储形式上进行了改变，它利用了先进的技术手段如计算机数据库技术、数据微缩技术、电子扫描技术、数码摄像技术等，将传统的纸质的数据资料转化成数字数据进行存储。因此数字存储方式将逐渐取代纸质的存储方式将逐步为所替代。

2. 磁存储方式

磁存储是以磁性介质为存储材料的存储设备，经历了多年的研发，磁性存储设备经历了磁鼓、磁带、软盘、硬盘等形式。磁鼓的出现改变了几千年来的信息存储模式，使信息的存储技术发生了重大变革。磁带按用途的不同，大致可分成录音带、录像带、计算机带和仪表磁带四种，磁带具有轻便、耐用、互换性强的特点，在实际应用中得到迅速推广。软盘、硬盘存储是随着现代计算机技术的发展而出现的，都是利用了磁存储的基本原理。磁盘具有存储容量大，可同时存储多种类型的信息，被大量广泛采用。现代信息技术下的信息存储手段是光电存储、磁存储、半导体存储以及发展中的一些新型存储器，如图 4-18 所示。

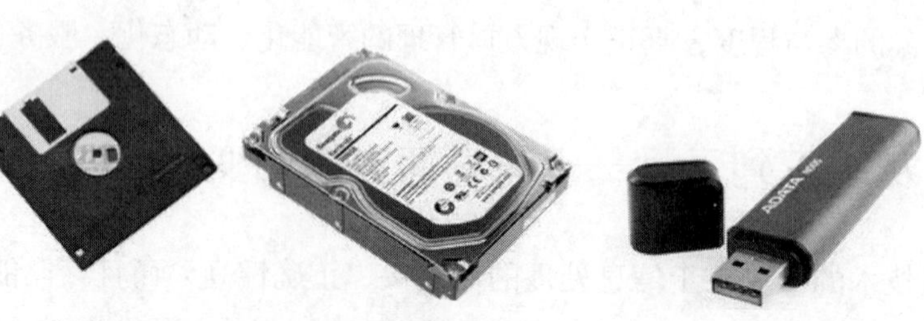

(a) 软磁盘　　(b) 硬盘　　(c) U盘

图 4-18 磁盘

3. 数据库

数据库（Database）是按照数据结构来组织、存储和管理数据的仓库。随着信息技术的发展和市场的各种需求，近年来数据管理不再是简单的数据存储和管理，而是按用户的需求来进行数据管理。数据库的类型很多，主要是关系数据库、网状数据库和层次型数据库，从最简单的存储有数据的表格到进行海量数据存储的大型数据库系统在社会经济生活的各个方面得到了广泛的应用。

管理信息系统、办公自动化系统、决策支持系统等各类信息系统的核心部分是数据库技术。数据库技术是进行科学研究和决策管理的重要技术手段，能充分有效地管理和利用各类信息资源。

数据库是一个单位或是一个应用领域的通用数据处理系统，它存储的通常是属于企业和事业部门、团体和个人的有关数据的集合。建立数据库的目的主要是为了众多用户共享信息，摆脱具体程序的限制和制约。满足不同用户按各自的用法使用数据库中的数据的目的；实现多个用户同时共享数据库中的数据资源，数据库中的同一个数据能在同一时刻满足不同的用户进行存取；这种数据共享的特性不仅满足了各用户对信息内容的要求，同时也可以让各用户之间的信息互通。

总之，数据库中的数据是从全局观点出发建立的，按一定的数据模型进行组织、描述和存储。其结构模型基于数据间的自然联系，数据不再针对某一项具体的应用，具有通用性，面向全组织，具有整体的结构化特征。

4. 云盘

云存储是构建在高速分布式存储网络上的数据中心，它将网络中大量不同类型的存储设备通过应用软件集合起来协同工作，形成一个安全的数据存储和访问的系统。云盘作为互联网时代云存储技术的产物，是一种依靠互联网进行数据存储的存储工具，它通过互联网为各大、中、小型企业与个人用户的数据资料提供存储、备份、归档等一系列服务。用户通过互联网进行数据的上传、读取及下载。云盘具有安全稳定、海量存储的特点，最大的好处是可以将云盘看成一个放在网络上的硬盘或者 U 盘，文件资料不需要随身携带，用户可以随时随地利用网络进行一些重要文件资源的保存、分享，不用担心数据丢失，内容时时触手可及，永不丢失。现在云盘有很多，一些还支持在线播放、备份通讯录等功能。

目前比较知名而且好用的云盘服务商有百度云盘、360 云盘、金山快盘、够快网盘、微云等，是当前比较热的云端存储服务。这种网盘行业在单一的存储服务基础上将来会衍生出更多的增值服务，云存储会获得更大的发展。

2016 年 3 月后，国内的网盘陆续关停；到 5 月份，十大网盘六家停止运营或是停止了多项服务的功能；事隔 5 个月，说好“不会关”的 360 云盘也宣布停止个人服务。关于此次关停服务的主要原因，360 云盘也在公告中给出了正面的解释：“部分不法分子利用 360 云盘存储传播非法文件、侵权盗版牟利、传播淫秽色情信息等违法犯罪行为屡有发生，严重侵犯正版企业的合法权益，更给社会带来了巨大的危害”。那么你觉得此次云盘关停事件背后还有哪些更深层次的原因呢？

第5章

信息技术与安全

5.1 网络安全

导　入

你玩过网络游戏吗？有使用游戏外挂吗？如果你的回答是“YES”，那么你的计算机十有八九已经中毒了。

案　例

DNF玩家随风说，打游戏累了，想用外挂，游戏里的朋友说有个外挂很好用，只是部分杀毒软件会误报，要关闭杀毒软件的防御后再安装。就为了这个外挂关掉了杀毒软件，没想到运行朋友推荐的DNF外挂后，计算机速度明显变慢，杀毒软件打不开，没多久就发现账号被盗，数亿游戏币被偷个精光。

5.1.1 中毒

计算机中毒的症状通常有以下几点：

● IE等浏览器主页变成了陌生网址，通常很难改回成自己习惯的主页，这是木马通过推广流氓网站赚取“推广费”。

● 如果你的网络状况正常，QQ或游戏却忽然掉线，这很可能是盗号木马在暗中捣鬼，必须立刻登录QQ或游戏官网，使用密保卡找回账号，有条件的网友应换一台安全的计算机进行上述操作。

●计算机是不是变得有些慢、上网是不是突然变得“龟速”、任务管理器中是不是多了些自己不认识的进程，这些也都是木马病毒在从事“地下”工作的症状。

计算机中毒一般有以下几种途径。

1. 流氓软件

流氓软件是一种跟踪你上网行为并将你的个人信息反馈给“躲在阴暗处的”市场利益集团的软件，并且他们通过该软件能够向你弹出广告。

流氓软件是指具有一定的实用价值但具备计算机病毒和黑客软件的部分特征的软件；它处在合法软件和计算机病毒之间的灰色地带，同样极大地侵害着计算机用户的权益。广大网友一直深受其害，对之深恶痛绝。

当计算机忽然弹出广告，有些甚至不堪入目，基本就是中了流氓软件的侵害了。流氓软件已被公认为互联网继黑客和病毒之后的第三大公害了。

那它对我们上网会造成什么样的危害呢？根据专业人士介绍，流氓软件是一种恶意程序，一般不需要用户下载，就会随着用户正常使用自动下载并安装在计算机中，而且这些流氓软件的技术非常先进，具有自动升级、高度隐藏、反复安装等特点，用户没有专业知识很难完全卸载。安全中心监测发现：大多数计算机都安装了像广告程序、间谍软件这些所谓的流氓软件，通过跟客户的交谈，发现绝大多数都并不知情，而说到流氓软件带来的烦恼，大家都表示又烦恼又无奈：有时候老是跳出“易趣”广告之类的，都删不掉，而且拖慢机器速度，非常烦；还有“很棒小秘书”在浏览网页的时候会自动弹出各种广告。除了这些广告骚扰之外，律师表示有些还直接威胁到个人隐私：“很棒小秘书”实际上监视着你上网过程中输入的地址栏和搜索的关键词，所以它在给你定时发送广告的时候，实际上已经监视了你的上网行为。

流氓软件的主要危害有：强行侵入用户计算机，甚至无法卸载；抢占计算机系统资源，强行弹出广告；偷偷收集用户在网上的行为习惯、账号密码，严重威胁用户的财产安全。

用户在使用浏览器、电子邮件时都有可能被流氓软件植入，基本上防不甚防，而且一般用杀毒软件也是无法清除的。此外专家也指出在网上下载共享软件安装是被植入流氓软件的一个重要途径。

可以做一个实验，在网上搜索下载非常流行的暴风影音，按照默认安装路径将这款软件安装到自己计算机上，当安装完成后，计算机桌面上不仅有暴风影音的快捷方式，还有易趣购物等其他快捷方式以及雅虎助手插件等。其实在安装这款共享软件的同时，已经在底层全部安装上这些软件了。

目前互联网产品层出不穷，那么互联网公司是如何做产品的呢？

大多数时候广告公司是通过联系热门免费共享软件的作者，以每次几分钱的价格把广告程序通过插件的形式捆绑到免费共享软件中，用户在下载安装这些免费共享软件时广告程序也就趁虚而入了。

绝大多数互联网产品是这样"耍流氓的"：

（1）如果要做一个让用户看到的通知，就不要给他做一个关闭按钮，你必须得单击"去看看"查看该通知（见图 5-1）。

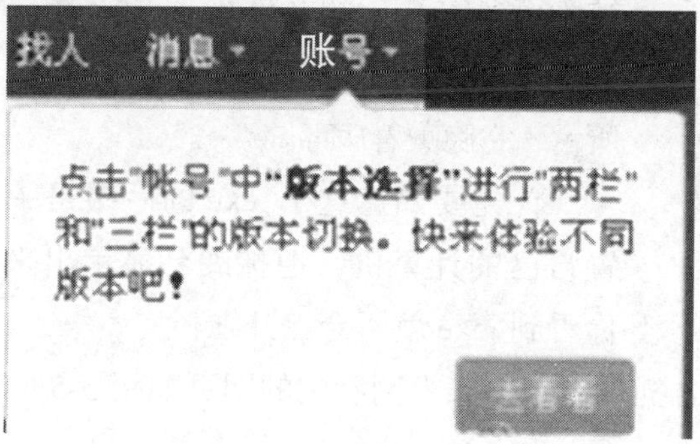

图5-1　必须查看通知

（2）如果要用户使用浏览器怎么办呢？就伪造一个微软安全漏洞，用户不打补丁就会一直有安全隐患，如果用户安装了补丁，那么 IE 就不能用了。

（3）如果想推广产品呢？不管你在百度搜什么信息，第一条链接永远是想要推广的产品。

（4）怎么做广告呢？广告是网站收入的大头，怎样才能让广告商满意呢？要把广告做成：底下的、上边的、左边的、右边的，下一个就是用广告占用整个屏幕。

（5）怎么让用户设置开机启动呢？最早是在安装时多一个选项，但是 99% 的人都会把这个钩取消，后来做了改进，只要用户使用软件，可不询问意见直接帮用户设成开机启动。

既然互联网公司这么"流氓"地做产品，我们在这么残酷的环境下要怎么维护好我们的计算机呢？什么样的人最会受到刚才那些流氓公司的喜爱呢？一般他的计算机桌面乱七八糟，然后也会把一些非常重要的文件放在桌面上，并且没有备份。如果这个时候计算机中毒就没有办法了吧。那么怎样才能对自己的计算机有更好的掌握力呢？就是不该点的千万别点，比如网站或 QQ 发来一些链接；还有一种情况当你收到如图 5-2 所示这样一张图片时，你会接收吗？点开后 80% 的可能会是一张美女高清大图，但是还有 20% 的概率是点开基本就中毒蓝屏死机。

图5-2　图片.jpg还是.exe

其实这是个后缀有问题，你看文件名是美女 .jpg 就意味它仅仅是张图片吗？其实它的扩展名被隐藏了，真正的文件名是美女 . jpg. exe。如图 5-3 所示，它隐藏着病毒。

图5-3　扩展名

首先要知道这个 .exe 的后缀是一个程序，其次要设置自己的计算机，把扩展名显示出来（见图 5-4），这样你看到 .exe 就不会点开啦！

另外还有去广告插件，很多人上网看到的网页如图 5-5 所示。

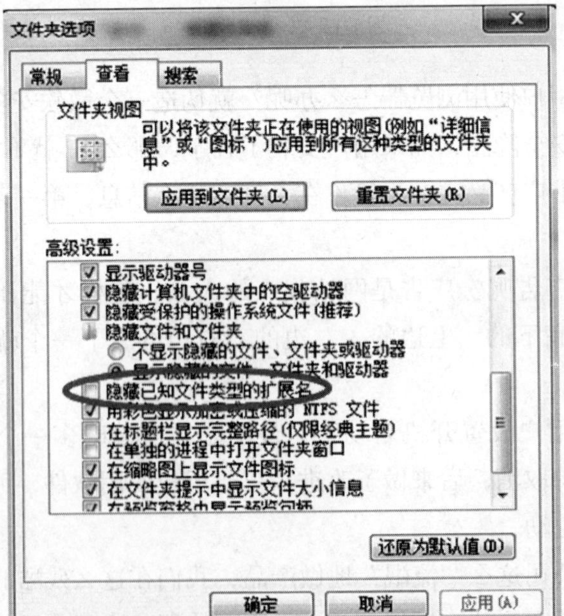

图5-4　显示文件扩展名

图5-5　去广告之前的网页

adblock plus，去除网页广告的；openGG clean player，去除视频网站的广告。

下面以 Chrome 浏览器为例介绍相关设置。打开 Chrome，“设置”→“扩展程序”→“获取更多扩展程序”→搜索上面两个插件→“添加”，即可安装去广告插件。不同浏览器插件也不同。当安装去广告插件后，浏览的网页如图 5-6 所示。

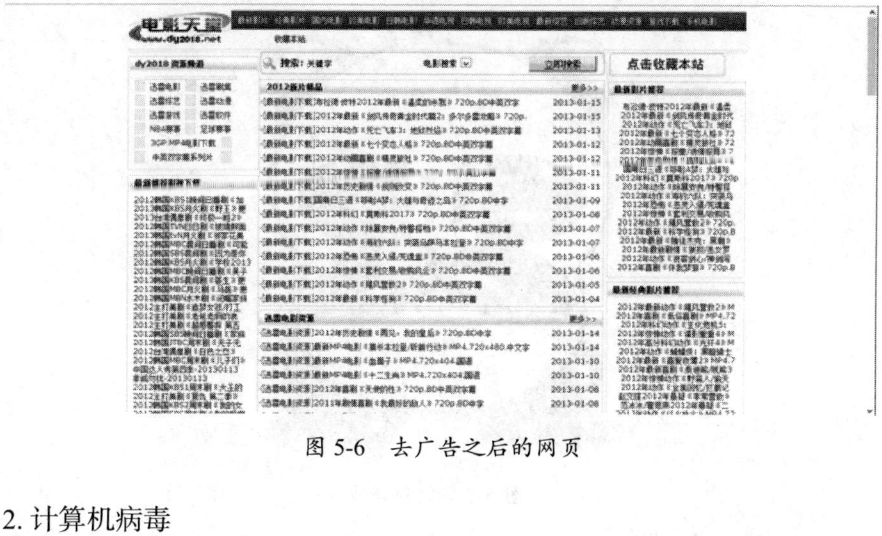

图 5-6　去广告之后的网页

2. 计算机病毒

计算机病毒是一个程序，就像生物病毒一样，具有自我繁殖、互相传染以及激活再生等生物病毒特征。

计算机病毒有独特的复制能力，它们能够快速蔓延，又常常难以根除。它们能把自身附着在各种类型的文件上，当文件被复制或从一个用户传送到另一个用户时，它们就随同文件一起蔓延开来。

相信很多人都听过“熊猫烧香”病毒。它是名副其实的病毒，是一种经过多次变种的“蠕虫病毒”变种，2006 年 10 月 16 日由 25 岁的中国湖北武汉新洲区人李俊编写，拥有感染传播功能，2007 年 1 月初肆虐网络，它主要通过下载的档案传染，受到感染的机器文件因为被误携带间接对其他计算机程序、系统破坏严重。除通过网站带毒感染用户之外，此病毒还会在局域网中传播，在极短时间之内就可以感染几千台计算机，严重时可以导致网络瘫痪。中毒计算机上会出现“熊猫烧香”图案，如图 5-7 所示，所以也被称为“熊猫烧香”病毒。中毒后计算机会出现蓝屏、频繁重启以及系统硬盘中数据文件被破坏等现象。至此，据不完全统计，仅 12 月份至今，变种数已达 90 多个，个人用户感染熊猫烧香的已经高达几百万，企业用户感染数还在继续上升。

而“熊猫烧香”病毒的制造者李俊也是一个人物：他从小喜欢计算机，没考上高中，就读水泥厂技校；2006 年写了“熊猫烧香”病毒；被捕后，在监视下，又在编写解毒软件；聘为金山公司的互联网安全观察员；熊猫软件安全顾问、买软件网首席执行官；2013 年，因设立网络赌场再次被捕。

图 5-7 熊猫烧香

3. 木马

将自身伪装吸引用户下载执行，可以任意毁坏、窃取被种者的文件，甚至远程操控被种主机。

盗号木马是指隐秘在计算机中的一种恶意程序，并且能够伺机盗取各种需要密码的账户（游戏、应用程序等）的木马病毒。

盗号木马程序一般分为服务器端程序和客户端程序两个部分，当服务器端程序安装在某台连接到网络的计算机后，就能使用客户端程序对其进行登录。这和 PcAnywhere 以及 NetMeeting 的远程控制功能相似。但不同的是，木马是非法取得对对方计算机的控制权，一旦登录成功，就可以取得管理员级的权利，对方计算机上的资料、密码等是一览无余。

一个让所有游戏玩家深恶痛绝的名字，辛辛苦苦几个月，甚至几年赢来的装备，顷刻之间全部消失，让人心痛。

下面来看看木马相关案例。

（1）支付大盗

2012 年 12 月 6 日，一款名为“支付大盗”的新型网购木马被发现。木马网站利用百度排名机制伪装为“阿里旺旺官网”，诱骗网友下载运行木马，再暗中劫持受害者网上支付资金，把付款对象篡改为黑客账户。

（2）新鬼影

火遍全球的《江南 Style》很不幸被一种名为“新鬼影”的木马盯上了。此木马主要寄生在硬盘 MBR（主引导扇区）中，如果用户计算机没有开启安全软件防护，中招后无论重装系统还是格式化硬盘，都无法将其彻底清除干净。

（3）图片大盗

绝大多数网民都有一个困惑，为什么自己计算机中的私密照会莫名其妙地出现在网上。“图片大盗”木马运行后会全盘扫描搜集 JPG、PNG 格式图片，并筛选大小在 100KB 到 2MB 之间的文件，暗中将其发送到黑客服务器上，对受害者隐私造成严重危害。

5.1.2 防范

1. 防火墙

防火墙一种将内部网和公众访问网（如 Internet）分开的方法，它实际上是一种隔离技术，允许你“同意”的人和数据进入你的网络，同时将你“不同意”的人和数据拒之门外，最大限度地阻止网络中的黑客来访问你的网络。

防火墙具有很好的保护作用。入侵者必须首先穿越防火墙的安全防线，才能接触目标计算机，如图 5-8 所示。可以将防火墙配置成许多不同保护级别，高级别的保护可能会禁止一些服务，如视频流等。

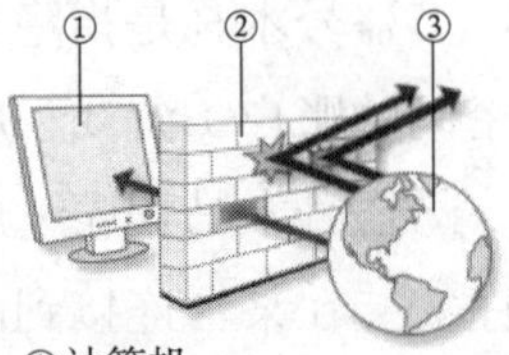

①计算机
②防火墙
③Internet
图 5-8 防火墙

防火墙最基本的功能就是控制在计算机网络中，不同信任程度区域间传送的数据流。例如互联网是不可信任的区域，而内部网络是高度信任的区域，通过它可以避免安全策略中禁止的一些通信，与建筑中的防火墙功能相似。它有控制信息基本的任务在不同信任的区域。典型信任的区域包括互联网（一个没有信任的区域）和一个内部网络（一个高度信任的区域），简单地理解，就是可以隔绝外界通过网络非法入侵到你的计算机中，防火墙就相当于家里的门一样。

如果不通过防火墙，公司内部的人就无法访问 Internet，Internet 上的人也无法和公司内部的人进行通信。当然用户可以开启或关闭防火墙，如图 5-9 所示。

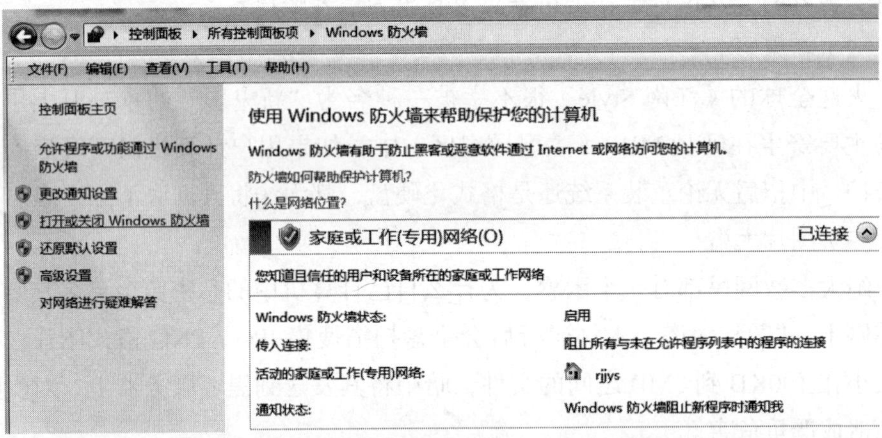

图5-9 打开/关闭防火墙

2. 杀毒软件

杀毒软件是用于消除计算机病毒、特洛伊木马和恶意软件等威胁的一类软件。

杀毒软件通常集成监控识别、病毒扫描和清除、自动升级病毒库、主动防御等功能，有的杀毒软件还带有数据恢复等功能，是计算机防御系统（包含杀毒软件、防火墙、特洛伊木马和其他恶意软件的查杀程序和入侵预防系统等）的重要组成部分。

云安全是通过网状的大量客户端对网络中软件行为的异常监测，获取互联网中木马、恶意程序的最新信息，推送到服务端进行自动分析和处理，再把病毒和木马的解决方案分发到每一个客户端。云安全技术应用后，识别和查杀病毒不再仅仅依靠本地硬盘中的病毒库，而是依靠庞大的网络服务，实时进行采集、分析以及处理。整个互联网就是一个巨大的“杀毒软件”，参与者越多，每个参与者就越安全，整个互联网就会更安全。

如果一台计算机上没有安装杀毒软件，我们称之为“裸奔”。每天都会有很多病毒、木马盗取肆虐。计算机病毒的祖先到底是谁呢？ 1949 年贝尔实验室为了验证计算机程序能否自我繁殖，发明了一个叫做“磁芯大战”的程序，如图 5-10 所示，被认为是计算机病毒的祖先。

图5-10　计算机病毒祖先

20 世纪 80 年代的杀毒软件是这样子的，如图 5-11 所示，软件写在防病毒卡里，就像小霸王游戏机的卡带一样，那时候的计算机和计算机病毒都是稀缺之物。

图 5-11　杀毒软件

1992 年国内第一款杀毒软件诞生，它的名字叫 KILL，很霸气，但它只能杀 10 几种病毒。1994 出现了首款商业化杀毒软件 KV100。1997 年金山毒霸问世。

1998 年 CIH 病毒出现，它随着盗版光碟传遍祖国大江南北。你一定听过这样一个笑话：“老板，听说计算机会中病毒，怎么办呀”，“别怕，用 84 消毒液喷一喷就好”。到了 2000 年，先后爆发了红色代码、SQL SERVER 蠕虫王、恶邮差、冲击波、震荡波、熊猫烧香的病毒让许多计算机用户感受到了网络堵塞、垃圾邮件成堆、计算机不断重启的痛苦。

到了 2001 年，一款叫做传奇游戏让不少人疯狂，网游（见图 5-12）产业开始进入人们视野。随之而来的是盗号木马的病毒程序开始出现。

图5-12　网游

很多玩家都有一个共同经历，早上醒来之后发现辛辛苦苦修炼的角色居然被人扒光了所有道具，如图 5-13 所示。“盗号死全家”成为一句经久不衰的流行语。

图5-13　被扒光道具

2009 年各类杀毒软件纷纷宣布免费。同一时期网购的人开始逐年增加，“今天你淘宝了吗”成为新时代人们打招呼的流行语。近几年木马病毒越来越少，钓鱼网站（见图 5-14）取而代之，成为第一大安全威胁。有关钓鱼网站的内容我们在后续章节中会详细介绍。

图5-14 钓鱼网站

3. 数据备份

数据备份是冗灾的基础，是指为防止系统出现操作失误或系统故障导致数据丢失，而将全部或部分数据集合从应用主机的硬盘或阵列复制到其他的存储介质的过程。传统的数据备份主要是采用内置或外置的磁带机进行冷备份。但是这种方式只能防止操作失误等人为故障，而且其恢复时间也很长。随着技术的不断发展，数据的海量增加，不少的企业开始采用网络备份。网络备份一般通过专业的数据存储管理软件结合相应的硬件和存储设备来实现。

一般互联网公司数据备份方式有：定期磁带、数据库、网络数据、远程镜像。数据备份必须要考虑到数据恢复的问题，包括采用双机热备、磁盘镜像或容错、备份磁带异地存放、关键部件冗余等多种灾难预防措施。这些措施能够在系统发生故障后进行系统恢复。但是这些措施一般只能处理计算机单点故障，对区域性、毁灭性灾难则束手无策，也不具备灾难恢复能力。

你是否因害怕硬盘损坏，大量数据无处备份而烦恼？你是否为 U 盘价格高、空间小、易丢失而苦恼？你是否曾因重要数据被误删未及时备份而追悔莫及？你是否为手机相机等电子设备存储卡空间不足而郁闷？那必须使用数据备份。

计算机数据保存一份在移动硬盘，第一次全拷贝，以后拷贝修改的或增加的文件即可。如果保存在云盘，那要注意保护隐私和安全。

5.1.3 黑客

黑客通常是指对计算机科学、编程和设计方面高度理解，专门入侵他人系统进行不法行为的计算机高手。这类人士属于层次较低的 cracker（骇客）。如果黑客是炸弹制造专家，那么骇客就是恐怖分子。

下面我们来看两个黑客例子。

2015 年 3 月 18 日晚，网上流传一个冒充新加坡总理公署网站文告的截图，如图 5-15 所示，称李光耀已经逝世，多家媒体据此误报。据新加坡政府网站显示，当晚李光耀仍然处于病重状态。总理公署已经就这起假文告事件报警，据报道，此次伪造总理公署的截图是由于黑客入侵导致的。当晚新加坡总理公署的网站一度无法打开，显示处于维护状态。

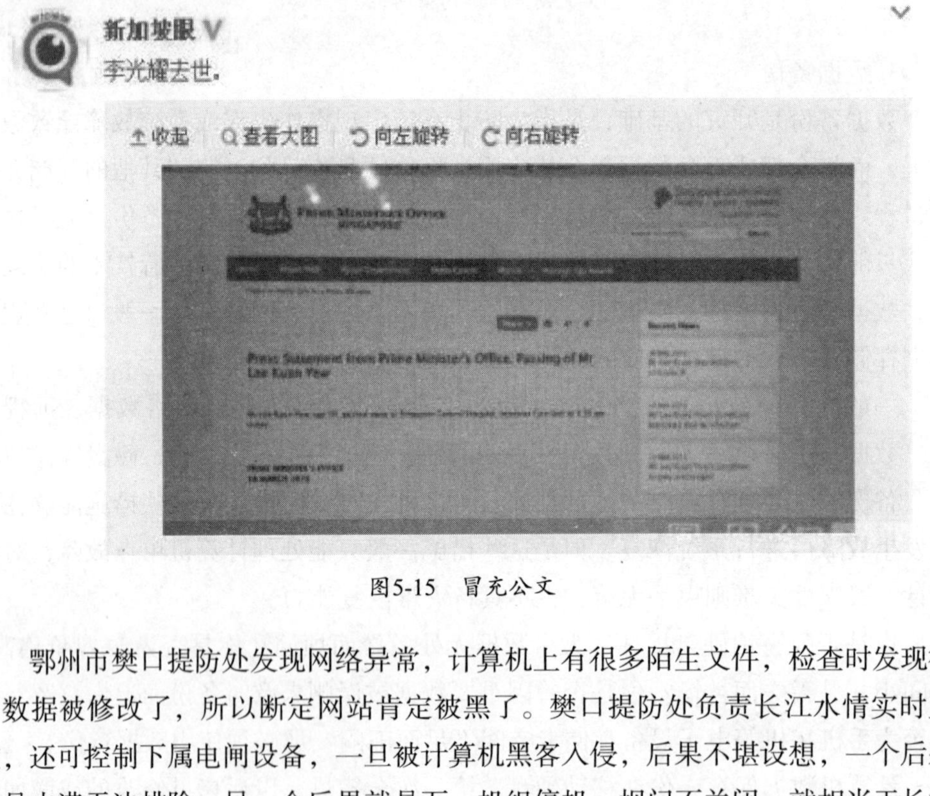

图5-15 冒充公文

鄂州市樊口提防处发现网络异常，计算机上有很多陌生文件，检查时发现很多数据被修改了，所以断定网站肯定被黑了。樊口提防处负责长江水情实时监控，还可控制下属电闸设备，一旦被计算机黑客入侵，后果不堪设想，一个后果就是内涝无法排除，另一个后果就是万一机组停机，坝门不关闭，就相当于长江决堤。

以上两个事件反映了黑客的行为以及危害。

中国黑客代表 Keen Team，在加拿大温哥华进行的全球顶级黑客大赛 Pwn2Own 中，继 2013 年在 Pwn2Own 东京比赛中攻破苹果手机 iOS 系统成为第一支在此项世界级比赛中夺冠的亚洲团队之后再次夺冠。

我们再来看两个著名的黑客人物。

他可能是计算机历史上最有名的黑客了，因为他是第一位荣登 FBI 通缉令的黑客，他的罪状不仅仅是入侵计算机而已。在 1979 年，16 岁的米特尼克入侵了第一台计算机并拷贝了一款专利软件，他还常常通过电话和邮箱戏弄公司的网络管理员，骗取他们手中的密码和其他安全信息，除此之外，他还入侵过北美空中防务指挥系统。于是 FBI 将他列入通缉名单内，在两年半的追捕中，米特尼克最终还是难逃法网并入狱服刑了 5 年。现在的他（见图 5-16）正运营着自己创办的米特尼克安全咨询有限责任公司。

图5-16　黑客代表

用自己的黑客技术做好事的黑客常被称做“白帽黑客”，日裔美籍计算机专家下村努（见图 5-17）就是著名的白帽黑客之一，就是他把凯文·米特尼克送进了监狱。在追捕米特尼克的过程当中，由于米特尼克行踪难测，所以 FBI 就聘请了被称为“美国最出色计算机安全专家”的下村努进行追捕工作。其实两人早在 1994 年就已有冲突，当时米特尼克就窃取了下村努的个人资料并将其公之于众。私事公事一起算，运用拨号跟踪技术的下村努最终定位了米特尼克，并将他送入了大牢。

图5-17 白帽黑客代表

5.2 电子商务安全

导 入

你是如何登录淘宝的？又是如何输入密码的？

调查中发现有很多人是通过百度来搜索淘宝或者携程之类的网站。

案 例

2011年6月的一天，姚女士和丈夫准备去重庆走亲戚，他们听人说，网上有个叫“去哪儿”的网站，买机票很便宜。就在百度上搜“去哪儿”，第一页，第一排，第一行就是这个网址，就点进去了。自己在淘宝开网店的姚女士，决定通过网上支付，购买两张6月25日从杭州到重庆的机票。付完款姚女士去查看自己支付的订单，却出现了一个奇怪的现象。返到我的订单列表看，那个付款成功了反而没有订单，所以就觉得很奇怪，就打了400电话去问，但是一直没有人接，说电话忙什么之类，所以那个时候好像有一点被骗了的感觉。姚女士的猜测果然被证实了，她再次点击推广栏里的另一个网址，这才发现了真正的“去哪儿”网站。

5.2.1　数据机密

数据机密是指任何人不能看到其无权看到的信息。既然有机密数据，那必然会伴随着一个问题——数据泄露。低级手段如内部人员偷盗售卖数据，高级手段如黑客攻破服务商系统盗取数据等，都是用户数据泄露的罪魁祸首。

关于数据泄露事件比较著名的是 CSDN 和 12306 的泄露事件。

CSDN 是 Chinese software develop net 的缩写，中国软件开发联盟。中国最大的开发者技术社区。它是集新闻、论坛、群组、Blog、文档、下载、读书、Tag、网摘、搜索、.NET、Java、游戏、视频、人才、外包、第二书店、《程序员》等多种项目于一体的大型综合性 IT 门户网站，它有非常强的专业性，其会员囊括了中国地区百分之九十以上的优秀程序员。正是这么一家非常专业的社区网站被入侵，近 600 万用户账号密码被泄露，黑客将连接公布到互联网，导致任何人可以获得该数据，经验证数据真实有效。该事件可能对各大互联网公司包括新浪微博，企业安全等造成严重威胁，严重建议用户修改账号密码，禁止企业用户使用内部办公邮箱在外部注册以及各处使用同一密码。

12306 是铁道部火车票网上订票唯一官网。大量 12306 用户数据在互联网上传播售卖，包括用户账号、明文密码、身份证、邮箱等。目前已知公开传播的数据库涉及用户数约 14 万，请 12306 用户注意修改密码，如有其他重要账号使用了相同的注册邮箱和密码，应　并修改。日前通过白帽子分析，数据疑似黑客撞库后整理得到而并非 12306 直接泄露，请用户及时修改密码同时慎用抢票工具。

在黑客术语里面，“拖库”是指黑客入侵有价值的网络站点，把注册用户的资料数据库全部盗走的行为，因为谐音，也经常被称做“脱裤”。在取得大量的用户数据之后，黑客会通过一系列的技术手段和黑色产业链将有价值的用户数据变现，这通常也被称做“洗库”。最后黑客将得到的数据在其他网站上进行尝试登录，叫做“撞库”，因为很多用户喜欢使用统一的用户名密码，“撞库”可以使黑客收获颇丰。

那么到底谁是泄密者呢？一是服务商内部人员偷盗售卖；二是网络服务安全漏洞被利用；三是木马钓鱼网站恶意窃取。图 5-18 表明了很多网站存在一定的安全漏洞。

那么我们该如何防护呢？通常个人信息分为 4 类：个人身份信息、个人行为信息、个人隐私信息、个人账号信息。具体如图 5-19 所示。

技术安全是互联网公司的责任，它们需要自我完善去解决这些安全漏洞，但是我们必须针对不同的信息应该采用不同的安全等级，也就是给你的密码分为三六九等。回答下面几个问题将有助于你更好地防护你的数据安全：设置密码用手机号或者身份证？一个密码走天下，比如淘宝、支付宝、邮箱、论坛统一使用一个密码？无论什么乱七八糟的网站都去注册（很多不正规网站存在很大安全隐患）？

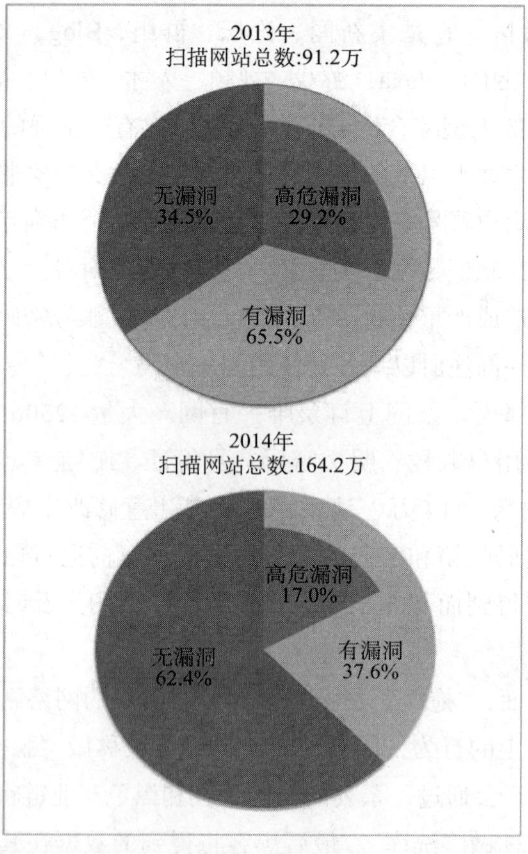

图5-18 存在安全漏洞网站比例

互联网刚兴起时，有人说，你不知道互联网另一端坐的是一个人还是一条狗。在大数据及云计算落地应用的现在，我们不但可以知道另一端是不是一条狗，还可以知道是雪纳瑞还是萨摩耶。

类型	描述	特征
个人身份信息	能够帮助识别用户个人身份特征	处于半公开状态、例如姓名、性别、年龄、爱好、职业及邮箱等，通过社交网络类公众平台可以浏览查询
个人行为信息	用户在互联网上的行为记录	主要指浏览器、网站、应用软件等，不可避免地收集用户在互联网上的操作，浏览行为及消费习惯等
个人隐私信息	用户日常在网络上的沟通聊天记录	通过此类信息通常能够获取上面两类信息，此外还有一些不愿公开的涉及个人名誉方面、的信息
个人账号信息	存储在互联网上的各类账号信息	包括社交网络网站、应用等产品的网络账号；支付宝类互联网金融产品账号；甚至个人银行卡账号及密码信息

图5-19　个人信息

所以，在大数据时代，更要注意防止数据泄露。

5.2.2　第三方支付

第三方是买卖双方在缺乏信用保障或法律支持的情况下的资金支付“中间平台”，买方将货款付给买卖双方之外的第三方，第三方提供安全交易服务，其运作实质是在收付款人之间设立中间过渡账户，使汇转款项实现可控性停顿，只有双方意见达成一致才能决定资金去向。

支付宝是全球领先的第三方支付平台，成立于 2004 年 12 月，致力于为用户提供“简单、安全、快速”的支付解决方案。旗下有“支付宝”与“支付宝钱包”两个独立品牌。自 2014 年第二季度开始成为当前全球最大的移动支付厂商。

支付宝主要提供支付及理财服务，包括网购担保交易、网络支付、转账、信用卡还款、手机充值、水电煤缴费、个人理财等多个领域。在进入移动支付领域后，为零售百货、电影院线、连锁商超和出租车等多个行业提供服务，还推出了余额宝等理财服务。

2004 年，支付宝从淘宝网分拆独立，逐渐向更多的合作方提供支付服务，发展成为中国最大的第三方支付平台。

支付宝的产品服务有很多，最具代表性的有支付服务：网购担保交易、转账、代付、信用卡还款、手机充值、水电煤缴费等；还有理财服务：余额宝、招财宝、娱乐宝等。

接下来，从支付安全和支付方式两个方面来具体介绍支付宝。

1. 支付安全

（1）密码

众所周知，支付宝有登录密码和支付密码（见图 5-20），前面介绍了数据机密，应该不会有人把这两个密码设置成一样的吧？

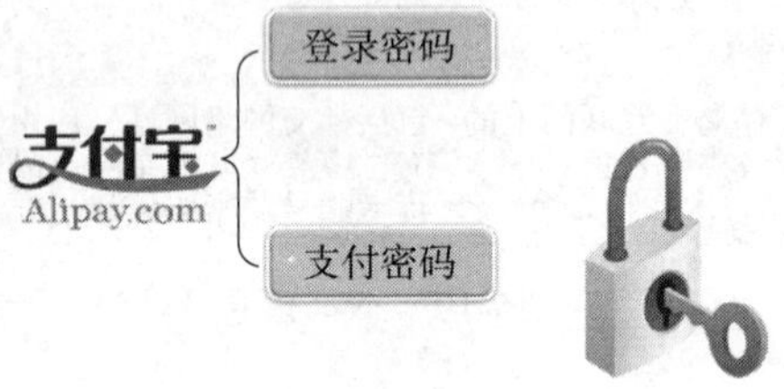

图5-20 密码

假设你的密码是 a1B2c3，我们来思考这么一个问题：你的密码是明文存储的吗？当然必须经过信息加密，不然内部人员很容易犯监守自盗的毛病。所谓信息加密是将原来可以理解的信息与一个特殊的字符串结合，按照一定的规则进行运算，变成不可理解的信息。

这里简单介绍几种信息加密技术：密钥、安全控件、数据加密协议。

密钥分为对称密钥和不对称密钥。对称密钥是将原来通信双方通过互联网传输信息时，发送方通过秘钥 A 对信息进行加密，并将生成的密文发送给接收方，接收方通过相同秘钥 A 对密文解密，得到信息明文。不对称密钥是秘钥 A 对信息进行加密，并将生成的密文发送给接收方，接收方通过相同秘钥 B 对密文解密，得到信息明文。

无论你使用哪家银行的网银，或者使用支付宝这样的第三方电子支付平台提供的服务，在第一次使用时，都会自动下载和安装一个相关的安全控件，这个小程序可以保护你避免恶意程序的攻击，它可以切断键盘操作和木马病毒之间的通道。

输入用户名和密码，数据加密协议就开始发挥作用。在支付宝交易数据的传输中，信息都受到加密密钥长度达 128 位的高强度加密，用户登录并通过身份认证之后，用户和服务方之间在网络上传输的所有数据全部用会话密钥加密，而且每次会话所使用的加密密钥都是随机产生的。

（2）数字证书

下面再来思考这么一个问题：办理银行业务时我们采用本人 + 身份证来进行

身份管理，那么如何在虚拟空间里进行有效的身份管理？采用账号 + 密码吗？任一台计算机你能使用支付宝支付吗？

其实数字证书 + 账号密码才是在虚拟空间进行有效的身份管理。

申请数字证书后，只能在安装数字证书的计算机上支付。当你换计算机或重装系统时，只需用手机校验即可重新安装数字证书。我们从图 5-21 和图 5-22 来了解数字证书到底是什么？数字证书的功能有哪些？

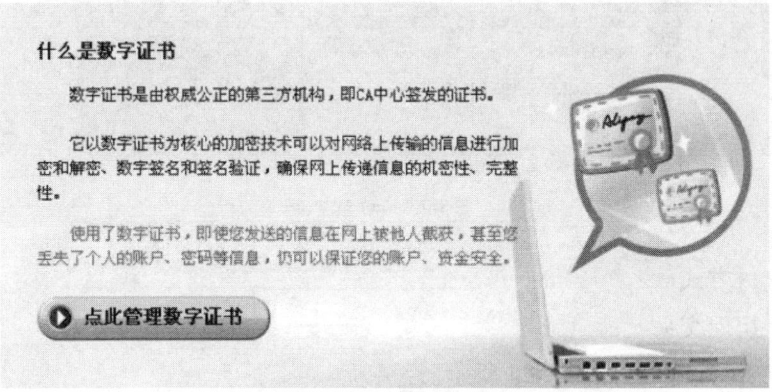

图5-21　什么是数字证书

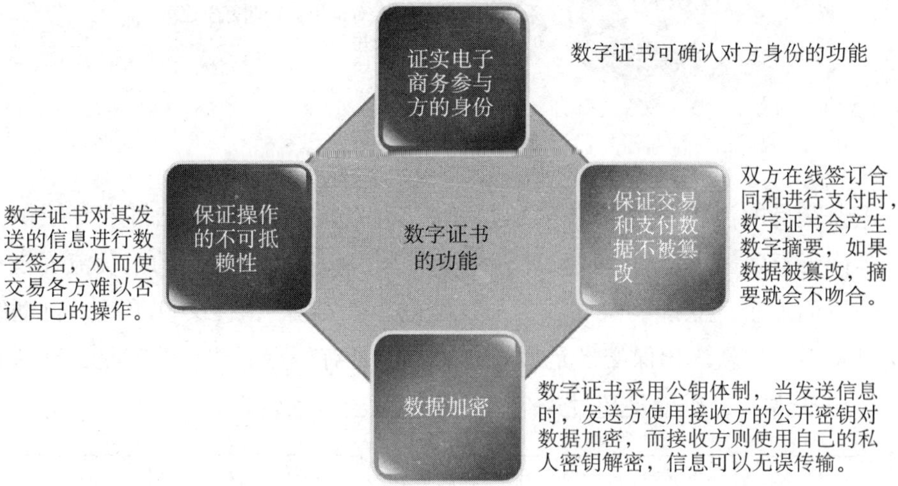

图5-22　数字证书的功能

（3）动态口令

支付宝的支付安全除了以上描述的加密技术、数字证书之外，还有一个就是动态口令。图 5-23 展示了手机动态口令的使用方法，加倍安全。

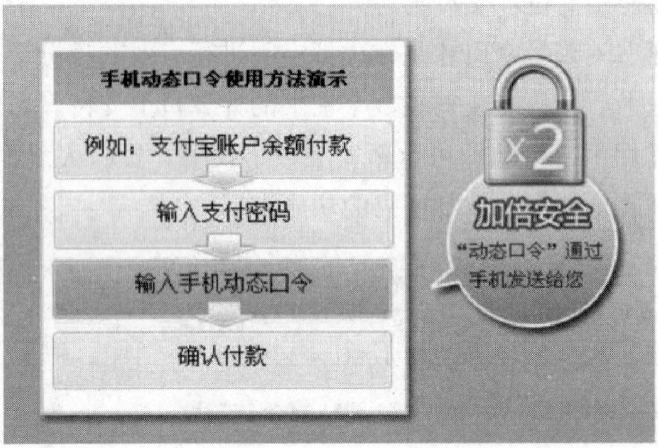

图5-23 动态口令

2. 支付方式

（1）担保交易

担保交易的标志如图 5-24 所示。

担保交易：付款后，您有10天左右的时间来确认付款。适合对谁用：亲朋好友之外的对方。推荐您使用。

图5-24 担保交易

担保交易的流程是：如图 5-25 所示，交易付款后，钱款先打入专用担保账户，等待买家确认收货后，钱款才转入卖家账户！在淘宝购物的正确流程是：商品详情页面点击“立即购买”或“加入购物车—结算”，提交订单后，自动跳转至支付宝平台付款。担保交易是最安全的，但是有一点要注意的就是：确认付款时间，10 天左右，也就是超过这个天数系统就会自动付款。

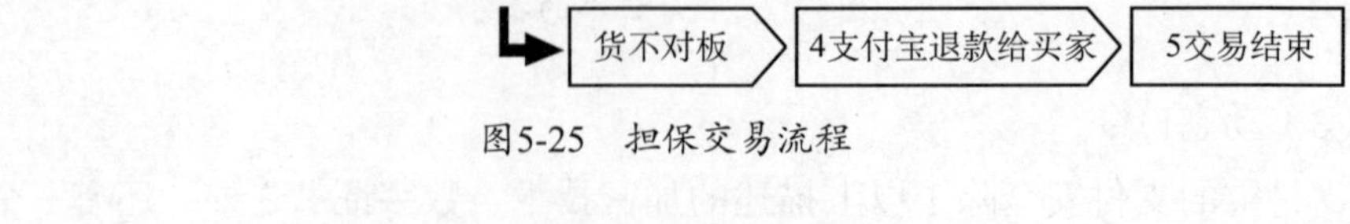

图5-25 担保交易流程

（2）即时到账 / 转账

即时到账 / 转账的标志如图 5-26 所示。

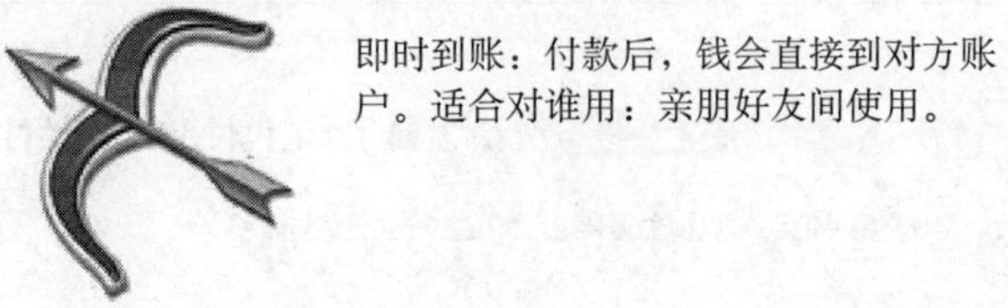

图5-26　即时到账

付款后，钱款直接打入对方账户，不支持退款，无支付宝担保，用来购物无保障。

我们要明确区分担保交易和即时到账的区别，首先图标就不同：一个是盾牌，一个是开弓箭，如图 5-27 所示；其次性质完全不同，即时到账不支持退款无担保。

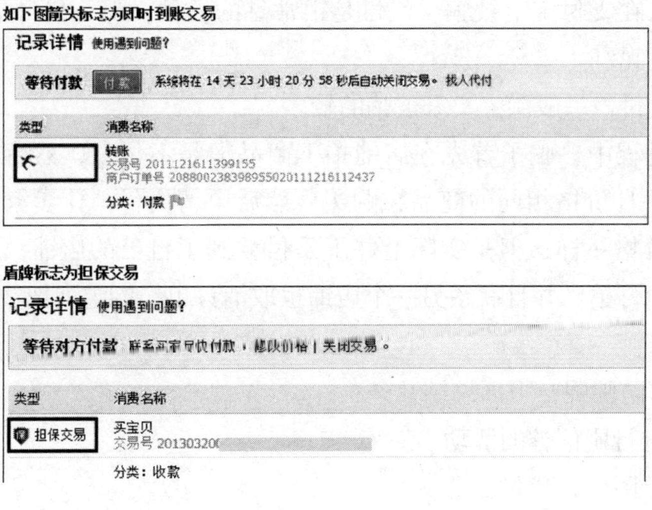

图5-27　担保交易&即时到账

（3）AA 付款、扫码付款

转账付款的不同操作方式而已！卖家让你这样付款，妥妥的骗子。

（4）代付

如图 5-28 所示，为他人创建的订单付款，商品不归你所有；如果他人申请退款，款项是直接退到他人账户。所以自己购物，请不要使用代付方式付款。

通过电话确认代付申请人是你亲友本人，不要为陌生人代付，代付商品不归本人所有哦。

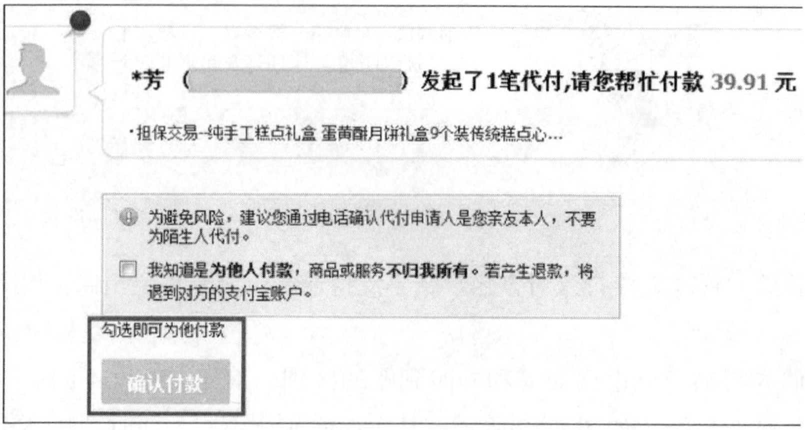

图5-28 代付

经常有人在支付宝上被骗，代付是很常见的一种，那么代付是如何操作的，又该如何避免呢？

支付宝代付，一般淘宝卖家被骗的较多。

刷信誉过程中，骗子首先在店铺拍下商品但是不付款，然后在其他店铺找到相同名字并且价格相同的商品，购买，然后申请代付，让卖家付款，实际上虽然名字和价格一样，但是实际上并不是付款到了自己的店铺，而代付成功后骗子立刻取消订单，并且联系另一个店铺也取消订单，淘宝就把钱退款到了骗子的支付宝。

那么如何防骗呢？下面总结几条：

① 不要进行刷信誉的活动。

② 不要给陌生人代付。

③ 给朋友代付前先打电话确认好。

代付这种情况被骗后基本没有办法找回，所以只能大家尽心尽力，提前留个心眼了。平时一定要提高警惕哦。

5.2.3 网络诈骗

网络诈骗是指利用互联网采用虚构事实或者隐瞒真相的方法，骗取数额较大的公私财物的行为，其欺诈手段有虚假信息、虚假中奖信息、钓鱼网站等。

1. 虚假信息

在当地重点论坛和网上社区发布网购信息，吸引网民到该网站。在取得网民信任后，要求网民向指定银行账号汇款或转账。

2. 虚假中奖信息

冒充知名的游戏、购物、娱乐等大型网站，向用户发送虚假中奖信息，提供一个和该网站网址非常相似的网址链接，以奖品邮寄费、奖金个人所得税、账户保险费等要求当事人向其指定的银行账户汇款。

3. 钓鱼网站

你确定你买的是“雪碧”而不是“雷碧”吗（见图 5-29）？你确定你买的“康师傅”而不是“康帅傅”吗？你确定你买的是“营养快线”而不是“营养扶线”吗？

图5-29　雪碧&雷碧

与产品类似，很多网站也将网页做得和著名网站几乎一样，但网址往往与著名网站只有一个字母之差，让人分辨不出真伪。

制造一个钓鱼网站只需几十块钱，比鱼竿还便宜，只要钓到一个用户，就连本带利都赚回来了。这显然是一个金融和 IT 交叉的朝阳产业，利润直逼中石油呀！钓鱼网站存在时间短，打一枪换一个地方，因此没有哪款杀毒软件能做到百分之百第一时间拦截。2011 年，31.8% 的网民碰到过钓鱼网站，受骗金额高达 308 亿元，更无奈的是，网民被骗后无处申冤，找银行找警察找杀毒软件都没用。

（1）何为钓鱼网站

钓鱼网站通常是指伪装成银行网站，主要危害是窃取用户提交的银行账号、密码等私密信息。所谓“钓鱼网站”是一种网络欺诈行为，指不法分子利用各种手段，仿冒真实网站的URL地址以及页面内容，或者利用真实网站服务器程序上的漏洞在站点的某些网页中插入危险的HTML代码，以此来骗取用户银行或信用卡账号、密码等私人资料。

（2）钓鱼网站的设计

钓鱼网站的设计通常有两种方式：第一种以“中奖”等名义为诱饵，诱骗用户填写身份证号码、银行账户等信息；第二种模仿银行在线支付、电子交易网站，骗取用户的银行卡信息或者在线支付账号密码。整个过程如同钓鱼一般，这样的恶意网站也就被称做“钓鱼网站”。这样的钓鱼手法技术含量并不高，或者利用人们贪图便宜的心理上当受骗，或者利用部分网民防范欺诈意识的薄弱。人们一旦上当，或者个人隐私信息泄露并被贩卖，或者因为在网站上填写了银行账号信息，相应的资产会被立刻转走，追悔莫及。

（3）钓鱼网站的辨别

“钓鱼网站”其实不难判别，一般假网站只有一个页面，没有任何链接。真的网站，首页不仅内容丰富，而且还能提供详细的联系方式。

（4）如何防钓

钓鱼网站的页面与真实网站界面完全一致，要求访问者提交账号和密码。一般来说钓鱼网站结构很简单，只有一个或几个页面，URL（网址）和真实网站有细微差别。我们可以像保存自己电话号码一样，总是在收藏夹中保存正确的各大银行网站地址。或者建议使用如：好123（http://www.hao123.com）、360网址导航（http://www.hao.360.cn）之类的导航类网站，以免被钓鱼。

坚决不购买低于正常市场价的商品，网上购物应选择有保证的在线购物网站，切不可贪图便宜。确定访问的网站域名正确，不相信小型网站的弹窗广告。在线购物或者需要售后服务时需要认准经过认证的网址或者客服电话。一般而言：公司的客服电话一般都是座机，如果为手机大部分就是欺骗行为。

① 查验“可信网站”。通过第三方网站身份诚信认证辨别网站真实性。不少网站已在网站首页安装了第三方网站身份诚信认证！——“可信网站”，可帮助网民判断网站的真实性。“可信网站”验证服务，通过对企业域名注册信息、网站信息和企业工商登记信息进行严格交互审核来验证网站真实身份，通过认证后，企业网站就进入中国互联网络信息中心（CNNIC）运行的国家最高目录数据库中的“可信网站”子数据库中，从而全面提升企业网站的诚信级别，网民可

通过点击网站页面底部的“可信网站”标志确认网站的真实身份。网民在网络交易时应养成查看网站身份信息的使用习惯，企业也要安装第三方身份诚信标志，加强对消费者的保护。

②核对网站域名。假冒网站一般和真实网站有细微区别，有疑问时要仔细辨别其不同之处，比如在域名方面，假冒网站通常将英文字母 I 被替换为数字 1，CCTV 被换成 CCYV 或者 CCTV – VIP 这样的仿造域名。

③比较网站内容。假冒网站上的字体样式不一致，并且模糊不清。仿冒网站上没有链接，用户可点击栏目或图片中的各个链接看是否能打开。

④查询网站备案。通过 ICP 备案可以查询网站的基本情况、网站拥有者的情况，对于没有合法备案的非经营性网站或没有取得 ICP 许可证的经营性网站，根据网站性质，将予以罚款，严重的关闭网站。

⑤查看安全证书。大型的电子商务网站都应用了可信证书类产品，这类的网站网址都是“https”打头的，如果发现不是“https”开头，应谨慎对待。

据 360 安全中心统计，我国钓鱼网站新增 98 万家，同比增长 95.9%，其中有关网购类钓鱼网站达 39.27 万家，占年新增钓鱼网站总量的 40.8%。而曾一度被认为危害最高的网购木马却日趋衰落，钓鱼网站已取代了木马成网络安全头号杀手。

业内人士表示，钓鱼网站数量的激增势头亟须相关部门尽快通过《网络信息保护的决定》议案。在网络安全问题日益严峻的情况下，国家相关部门正拟立法保护个人电子信息。

下面来看　个防钓小漫画，要注意这 4 种钓鱼方式哦，如图 5-30 所示。

如何辨别钓鱼网站呢？首先应该多留心网址，看看是不是与官方网站一致。这种方法对有一定网络知识的网民来说并不难，但是对很多不太了解网络的网民则比较困难。腾讯电脑管家云安全中心已经建立了恶意网址安全云查杀平台，通过强大的云检测引擎来识别并有效打击钓鱼网站。

海联达公司产品总监蔡政强表示，当用户访问一个网址时，我们（安全路由器）会将这个网址发送到腾讯的安全云库里去查询，在 0.5 秒之内就能完成整个查询、识别过程。

腾讯电脑管家安全云库作为全球最大网站数据库，能敏锐鉴定网站的安全性，轻松识别假冒、诈骗、钓鱼等恶意网站，有效保护用户的账号及财产安全。腾讯电脑管家先后与百度、天猫、康盛、搜狗、QQ、discuz 等平台合作，提供网站安全查询服务，为全网用户在各大上网入口提供安全保障。

图5-30 防钓小常识

5.3 移动支付安全

导 入

你一个月手机费多少？你查过详细账单吗？

案 例

智能手机预装很多软件，行货手机成为恶意扣费预装软件重灾区。有用户一个月无缘无故扣掉七八十元钱，查询详细账单后，发现用户被定制了很多服务，但是在用户手机里却看不到相关的应用程序。当把手机送到国家安全检测中心检测后发现，该手机为山寨手机，手机内被修改过的应用有 74 款，经过筛选发现可疑的应用有 2 款：山寨 ROM 预装厂商的简要预装程序“数据服务”、ROM 内置恶意应用“DataService”。原来手机被植入恶意程序，其中 DataService 会在用户不知情的情况下远程控制手机，不仅可以安装软件甚至可以卸载软件，而另一个恶意程序功能更加强大，它能偷偷获取手机信息，并悄悄地把这些信息发送出去。

5.3.1 监控

2013 年被公认为中国手机支付元年。短短一年多时间，支付宝、微信支付、百度钱包等第三方支付，以及传统金融机构移动端支付蓬勃发展。在支付购物类 APP 中，电商类、支付类、团购类是下载量最多的三类手机支付类应用。2014 年第一季度截获手机病毒包数 143945 个，感染手机病毒用户数达到 4318.81 万。截止到 2014 年，支付类病毒监听键盘输入，或于后台监控手机用户支付账号密码输入信息的特点，成为手机支付类病毒高危化演进的一个信号。

“每个人的手机都是一部窃听器，不管你开不开机，都能被窃听。”这是电影《窃听风云》中的一句台词。应该不少人看到过墙上的小广告：手机窃听卡。但是在智能手机的今天，又何须换卡呢，只要安装窃听软件就可以了。X 卧底软件就是这么一种窃听软件，只要安装了它就可以收取被监听者的短信和通话。X 卧底软件的原理主要利用智能手机三方通话功能中存在的漏洞。它是建立在呼叫等待与保持基础上的一项业务：首先客户 A 与客户 B 建立通话，通知并保持与 B 的通话；然后 A 客户按正常拨打电话的方式拨打客户 C，与客户 C 通话后，按发送键即可实现客户 A、B、C 同时通话，而且默认开启了短信分发功能。

例如易信专线电话和易信多人电话也是建立在呼叫等待与保持基础上的：通过易信专线电话免费呼叫全国任意手机和座机，被呼叫方无须安装易信客户端，不需要上网，只要能接听电话，就可正常接听通话，且通话过程中双方都不消耗上网流量。通过易信多人电话，向国内多个座机或手机号码发起多人通话，邀请大家进行电话会议，通话过程中双方都不消耗上网流量。

用户通过第三方支付、银行类应用在进行的电子商务活动中，短信验证码都是最后的安全防线，一旦用户的支付验证短信被恶意程序获取，手机支付用户的安全堤防会全面溃败，会直接导致银行支付账号财产被窃取，造成严重的金钱损失。

那么如何防监听呢？

首先恶意软件不可能被远程安装，所以手机不要被别人拿走，维修后要检查；通过网络发送给监听方，不使用时，关闭上网功能；不要随便点击链接，打开来路不明的彩信；要安装手机安全软件如防火墙、杀毒软件等。

5.3.2 WiFi

WiFi 是可以将个人计算机、手持设备（如 iPad、手机）等终端以无线方式互相连接的技术，事实上它是一个高频无线电信号。

手机如果有无线保真功能的话，在有 WiFi 无线信号时（见图 5-31）就可以不通过移动联通的网络上网，省掉了流量费。

以前通过网线连接计算机，而无线保真则是通过无线电波来连网；常见的就是一个无线路由器，那么在这个无线路由器的电波覆盖的有效范围都可以采用无线保真连接方式进行联网，如图 5-32 所示。

图5-31　手机WiFi

但是免费 WiFi 有风险，蹭网需谨慎。免费 WiFi 方便不要钱省流量，很多人都会连接它，刷微信看新闻等。然后很多人在蹭网的同时，压根没想到过会掉入别人挖好的陷阱中。一位刘女士在咖啡馆，点进一个不要密码的免费 WiFi 进行购物，卡内的 500 元莫名地打入别人的卡里，其他案例也有很多。互联网协议是很早已经规定的，存在很多安全漏洞，WiFiI 也不例外，黑客或者不法分子，模仿一些公共账号，比如中国移动或者其他的，因为 WiFi 名字是可以随意设置的，所以很有可能会骗取用户信任，一旦你连接上黑客提供的免费 WiFi，你的所有网络行为，在黑客面前一览无余，当然包括你的账户密码等私人信息。

所以可以直接连接且不需要验证或密码的公共 WiFi 风险较高，背后有可能

图5-32 计算机WiFi

是钓鱼陷阱，尽量不使用；使用公共场合的 WiFi 热点时，尽量不要进行网络购物和网银的操作，避免重要的个人敏感信息遭到泄露，甚至被黑客银行转账；进入公共区域后，尽量不要打开 WiFi 开关，或者把 WiFi 调成锁屏后不再自动连接，避免在自己不知道的情况下连接上恶意 WiFi。

在外面为了保证安全，我们可以不去连接那些有潜在风险的 WiFi，回到家里，终于可以连上自家 WiFi，尽情畅游网络世界啦！如果认为家庭 WiFi 是绝对安全的，那你就大错特错了，其实，家用 WiFi 也存在着潜在的隐患，那么接下来我们就一起来看看家用 WiFi 的隐患，以及如何保证家用 WiFi 的安全。

隐患一：被蹭网，家用 WiFi 密码过去简单，只包含简单数字，分分钟被破解。

隐患二：个人信息被盗，路由器的密码分为二级，第一级是上网密码，第二级是管理密码，可以拥有路由器管理的权限，大多数用户不会设置管理密码，这就意味着只要黑客能连上 WiFi 就拥有了路由器的修改权限，黑客完全可以将家用路由器改装成盗取账号密码的工具，进而控制整个家庭网络。

想要保护家庭 WiFi，修改密码只是最基础的一步，家里路由器管理后台的登录账户、密码，不要使用默认的 admin，可改为字母加数字的高强度密码；设置的 WiFi 密码选择 WPA2 加密认证方式；相对复杂的密码可大大提高黑客破解的难度。

无线路由器的配置分为以下几步：

（1）首先要开通网线，再买一台无线路由器，接下来就可以安装和设置了。把路由器接上电源，网线插到 WAN 接口（一般都是蓝色的）。买路由器时会自带一条网线，把它的一头插到 LAN 接口（随便插一个口就行），另一头插到计算机网线接口上就安装好了。

（2）接下来就是要设置了。在浏览器中输入地址“192.168.1.1”。

（3）网址打开之后会跳出一个对话框，输入相应的用户名和密码。一般新买来的用户名都是“admin”，密码也都是默认的，直接单击“确定”就行。

（4）进去主页之后，左边菜单栏有个“设置向导”，单击。再单击“下一步”→选择第一项（让路由器自动选择上网方式）→下一步输入上网账号码（就是你开通网线时运营商给的上网账号和密码）。

（5）SSID 就是连线无线网显示的账号，可以用默认的也可以自己设置一个。最重要的一项 PSK 密码的设置如图 5-33 所示，如果不设置密码周围的人搜到你的无线信号，就可以免费用了，到时候就会影响你自己的网速了。密码 8 位以上，最好是字母加数字的形式，如果是用单纯的数字据说现在好多手机里带的软件可以自动破解的。

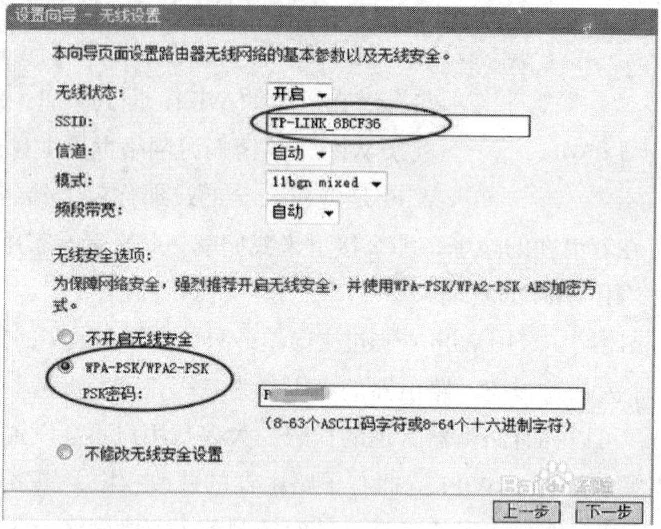

图5-33 设置向导

（6）设置好以上骤后，单击“确定”按钮。到此为止无线路由器就设置完毕了。

5.3.3 二维码

在代码编制上巧妙地利用构成计算机内部逻辑基础的“0”“1”比特流的概念，使用若干个与二进制相对应的几何形体来表示文字数值信息，通过图像输入设备或光电扫描设备自动识读以实现信息自动处理。

一维码（见图 5-34）只能在一个方向（一般是水平方向）上表达信息，而一维码只能由数字和字母组成；条形码的扫描需要扫描器，扫描器利用自身光源照射条形码，再利用光电转换器接受反射的光线，将反射光线的明暗转换成数字信号。

图5-34 一维码

二维码（见图 5-35）在水平和垂直方向都可以存储信息；而二维码能存储汉字、数字和图片等信息。

图5-35　二维码

二维码的功能有：信息获取（名片、地图、WiFi 密码、资料等）；网站跳转（跳转到微博、网站）；广告推送（用户扫码，直接浏览商家推送的视频广告）；手机支付（扫描商品二维码完成支付）；优惠促销（用户扫码，下载电子优惠券，抽奖）等。

还可利用二维码进行防伪。二维码防伪采用二维码加密技术给产品作标志，将二维码印刷或标贴于产品包装上，用户只需通过指定的二维码防伪系统或手机软件进行解码检验，即可验证产品真伪，获得详尽的信息。其原理是通过给每个商品分配一个独立的“电子身份码”，在流通过程中采集物流信息，跟踪商品的流向，消费者在购买商品时通过查询“电子身份码”，核对商品信息、销售商家等信息即可辨别真伪。该技术采用“闭环式溯源”，能有效杜绝假冒商品进入流通环节。

我们也可以自己动手制作一个二维码个人名片，利用二维码生成器，如图 5-36 所示，输入二维码包含的文本内容，添加 logo，美化即可，非常方便。

图5-36　制作二维码

二维码生成器的制作需要一个二维码生成算法，或者一个二维码插件，然后用 JAVA，C# 等编程语言编写一个调用软件就可以做成二维码生成器了。二维码生成算法就是将组成二维码的 0、1 数字矩阵进行组合，输入二维码生成器的信息不同，所得到的 0、1 数字矩阵组合也不相同，因此生成的二维码样式就各种各样。

随着智能手机和二维码的普及，通过扫描二维码来获取商品信息以及扫描二维码来完成付款，已经成为现在移动互联网中最为常见的方式。不过提供便捷的二维码，也暗藏了不少安全问题。二维码不仅成为钓鱼木马藏身的新途径，一些安全正规的二维码支付方式竟然也成为了不法分子诱骗网购用户实施人工欺诈的新手段。

一名黑龙江的张先生在二手淘宝交易网站看上了一款售价仅 1980 元的 iPhone5，可对方留下的联系电话一直打不通，张先生便添加了对方的 QQ 询问详情，通过 QQ 简单交流后对方出示了购买发票和手机相关的信息截图，张先生一看手机才购买了半年，便萌生了购买意向，到了交易付款时，对方说“现在二手淘宝交易变成二维码支付了”，张先生是第一次购买二手商品，并不清楚原因，就按对方说的扫了他发过来的二维码付款，张先生扫完后发现是 1800 元，对方说要分两次扫码，再扫码支付 180 元就可以了。当他付款之后，对方却说付款超时他根本没收到钱，接着该卖家又发来一个二维码，要他重新扫码支付，可是张先生查看自己的支付宝交易记录时明明提示说“交易成功”，疑惑不解的张先生这时希望跟对方电话沟通，对方一再推脱不肯给手机号，还发了一张假的交易截图，张先生再仔细看交易记录，发现之前付的那两笔，全是在“5137 游戏交易网”进行的，压根就不是在淘宝买手机的交易。后经专家指出骗子发给张先生的二维码应该是在游戏交易平台上购买虚拟物品时生成的，张先生等于是花钱帮骗子买了别的东西。

这种利用支付宝交易二维码诱骗他人给自己付款的案例，完全是恶意的人工欺诈，受害人多数是因对新兴的扫码支付流程不了解，轻易扫码陌生人发来的二维码（扫码支付实质就是即时付款），才会被骗的。还有一种二维码是暗藏了钓鱼木马，扫了之后很有可能你的手机就中毒了，被不法分子控制。

其实二维码本身不会携带病毒，但很多病毒软件可以利用二维码下载。不法分子将病毒程序的网址粘贴到二维码生成器上，就可以生成一个有毒的二维码。利用这些二维码将手机木马植入被害人手机并自动提取相关信息。短短几秒钟内，手机号、卡号、密码等私人信息就可能已被传入他人手中。

二维码本身并无病毒，而二维码所包含的网址链接、应用安装包可能存在钓鱼、挂马、内置病毒或恶意代码。为了帮助用户安全扫码，率先与知名二维码扫描工具灵动快拍、我查查等合作推出安全扫码功能，确保用户在使用这些工具扫时，对二维码包含的网址和应用进行安全检测。

5.3.4 刷脸

刷脸是一种电子考勤方式，即通过人脸识别技术进行考勤。长春高校推“刷脸考勤”，只要正脸对准机器，机器就能扫描出学生的学号等信息，而这些信息将形成数据库，以备教师查阅。据介绍，从考勤扫描到最终录入数据只需几秒钟。这种方式不仅可以方便教师考核学生的出勤率，也减少了学生替答、作弊等情况。实行这种新的考勤方式，也是对于学生安全方面的考虑，要消除学生长时间不在校这种状态，而不是单独拿这个东西为难学生，而是更科学地区处理这项工作的办法。对于这种刷脸考勤的方式，学校的学生纷纷表示认可，觉得“高大上”。

而刷脸支付呢？刷脸等身份信息显示出后，在触摸显示屏上点击“确认”完成交易，无须信用卡、钱包或手机，整个交易过程不超5秒钟。把脸凑近手机，“滴”一声，就付完钱了……阿里集团董事局主席马云在德国汉诺威通信和信息技术博览会上，向德国总理默克尔与中国副总理马凯，演示了蚂蚁金服的刷脸支付的扫脸技术。这项最新的支付认证技术由蚂蚁金服与Face++合作研发，可以在购物后的支付认证阶段通过扫脸取代传统密码。为了证明刷脸支付有效，马云还特地为嘉宾从淘宝上网购了1948年的德国汉诺威纪念邮票。

“刷脸”这个技能和指纹、虹膜支付一样，属于生物识别技术。人脸识别的准确率到底有多高？香港中文大学教授汤晓鸥此前在计算机视觉国际顶级会议CVPR2014上曾发表论文，称计算机算法识别人脸的准确率已经达到99.15%，而肉眼识别的准确率大约在97.52%。蚂蚁金服专职研究生物识别技术的团队“柒车间”的高级技术专家张洁表示，人脸识别的技术基于神经网络，让计算机学习人的大脑，并通过“深度学习算法”的大量训练，让它变得能够“认人”。而计算机的准确率之所以比人眼高，主要是计算机可以关注更多的关键细节，并通过算法，剔除一些干扰因素。此次与蚂蚁金服合作研发“刷脸”的Face++，在人脸识别上有着丰富的经验，已与美图、Camera360、魔漫等图片软件合作。

“刷脸支付”怎么玩？蚂蚁金服的相关负责人表示，根据相关规定，有资质的机构在需要进行人脸识别时，可以向全国公民身份证号码查询服务中心提出申请，将采集的照片与该部门的权威照片库进行比对。“也就是说，用户在进行‘人脸识别’时，只需打开手机或计算机的摄像头，对着自己的正脸拍摄即可。”

如果化了大浓妆，或者是双胞胎刷脸支付，能识别吗？蚂蚁金服这位负责人表示：“计算机会关注很多人眼不易关注的关键细节。如果一个人发型变化、化妆、一定程度的胖瘦变化、老化，都可以被识别出来。双胞胎的话，则需采取双因子的方式增加准确性，比如增加一项指纹或密码验证。”

如果有人拿我的照片和视频来冒充怎么办？“此前人脸识别从实验室进入商用，尤其是金融领域，一个大的技术难点，就是如何防伪造。但目前，蚂蚁金服研究了基于场景的活体监测，已经可以非常有效地防止人脸照片和人脸视频蒙混过关。”蚂蚁金服这位负责人说，该应用采用“交互式指令 + 连续性判定 +3D 判定”的方式，避免冒充。简单地说，就是让你动一动、笑一笑等。

第 6 章

信息技术与未来

6.1 12306 携手阿里云抗“春运”

前几年铁道部花巨资自己搭建了 12306 网站，最后还老出故障，被网友“骂”得狗血淋头。人家淘宝都能撑住“双 11”，12306 咋就撑不住春运呢，那还干嘛大包大揽，不去与阿里合作或借助市场力量?

春节抢票大战已经告一段落了，有没有发现这几年 12306 面对订票高峰时响应变快了很多，用户对 12306 的吐槽也变得温柔了。有人爆料原来 12306 网站已经将票务查询系统放到了阿里云上，这才使得 12306 平稳度过了春运购票高峰。阿里云计算也确认向 12306 提供了技术协助，负责承接了 12306 网站 75% 的余票查询流量。

6.1.1 何为云计算

那么问题来了，什么是云计算呢?

云计算，如图 6-1 所示，是一种虚拟化资源，是一种按使用量付费的模式。这种模式提供可用的、便捷的、按需的网络访问，进入可配置的计算资源共享池（资源包括网络、服务器、存储、应用软件、服务）。这些资源能够被快速提供，只需投入很少的管理工作，或与服务供应商进行很少的交互。

图6-1 云计算

云是网络、互联网的一种比喻说法。过去在图中往往用云来表示电信网，后来也用来表示互联网和底层基础设施的抽象。因此，云计算甚至可以让你体验每秒 10 万亿次的运算能力。拥有这么强大的计算能力可以模拟核爆炸、预测气候变化和市场发展趋势，用户通过计算机、笔记本、手机等方式接入数据中心，按自己的需求进行运算。

还是以 12306 与阿里云的合作为例来说说什么是云计算吧。12306 网站的火车票查询业务占整个网站流量的 90% 以上，业务高峰期并发请求密集，性能要求是整个业务系统中最为重要的一个环节。目前阿里云计算运营的“飞天”集群服务器规模已达到了 5000 台，云计算服务像自来水和电力一样方便，12306 可以用多少买多少，完全不必自己购买这么大数量的集群服务器。所以 12306 会选择将火车票查询放到阿里云上。

云计算和云服务，其商业模式的精髓，就在于通过网络把大量计算资源和存储资源分享给不同的用户，这使得使用者可以根据自己的需求弹性地选择资源，没有必要为了应付尖峰需求而采购大量的设备，导致平时的资源闲置和浪费。据国外一项调查显示，大部分孤立的服务器，其生命周期内平均 CPU 负荷率都在 20% 以下，但为了满足尖峰需求，企业又不得不多花钱来冗余这 80% 来应对。所以在云计算从诞生之初，就因为突出的经济性而广受欢迎。

6.1.2 云计算的特点

云计算是通过使计算分布在大量的分布式计算机上，而非本地计算机或远程服务器中，企业数据中心的运行将与互联网更相似。这使得企业能够将资源切换到需要的应用上，根据需求访问计算机和存储系统。

好比是从古老的单台发电机模式转向了电厂集中供电的模式。它意味着计算能力也可以作为一种商品进行流通，就像煤气、水电一样，取用方便，费用低廉。最大的不同在于，它是通过互联网进行传输的。

被普遍接受的云计算特点如下。

（1）超大规模

“云”具有相当的规模，Google 云计算已经拥有 100 多万台服务器，Amazon、IBM、微软、Yahoo 等的“云”均拥有几十万台服务器。企业私有云一般拥有数百上千台服务器。“云”能赋予用户前所未有的计算能力。

（2）虚拟化

云计算支持用户在任意位置、使用各种终端获取应用服务。所请求的资源来自“云”，而不是固定的有形的实体。应用在“云”中某处运行，但实际上用户无须了解，也不用担心应用运行的具体位置。只需要一台笔记本或者一个手机，就可以通过网络服务来实现我们需要的一切，甚至包括超级计算这样的任务。

（3）高可靠性

“云”使用了数据多副本容错、计算节点同构可互换等措施来保障服务的高可靠性，使用云计算比使用本地计算机可靠。

（4）通用性

云计算不针对特定的应用，在“云”的支撑下可以构造出千变万化的应用，同一个“云”可以同时支撑不同的应用运行。

（5）高可扩展性

“云”的规模可以动态伸缩，满足应用和用户规模增长的需要。

（6）按需服务

“云”是一个庞大的资源池，可以按需购买；云可以像自来水、电、煤气那样计费。

（7）极其廉价

由于“云”的特殊容错措施可以采用极其廉价的节点来构成云，“云”的自动化集中式管理使大量企业无须负担日益高昂的数据中心管理成本，“云”的通用性使资源的利用率较之传统系统大幅提升，因此用户可以充分享受“云”的低成本优势，经常只要花费几百美元、几天时间就能完成以前需要数万美元、数月时间才能完成的任务。

云计算可以彻底改变人们未来的生活，但同时也要重视环境问题，这样才能真正为人类进步做贡献，而不是简单的技术提升。

（8）潜在的危险性

云计算服务除了提供计算服务外，还必然提供存储服务。但是云计算服务当前垄断在私人机构（企业）手中，而他们仅仅能够提供商业信用。对于政府机构、商业机构（特别像银行这样持有敏感数据的商业机构）而言，选择云计算服务应保持足够的警惕。一旦商业用户大规模使用私人机构提供的云计算服务，无论其技术优势有多强，都不可避免地让这些私人机构以“数据（信息）”的重要性挟制整个社会。对于信息社会而言，“信息”是至关重要的。另外，云计算中的数据对于数据所有者以外的其他云计算用户是保密的，但是对于提供云计算的商业机构而言确实毫无秘密可言。所有这些潜在的危险，是商业机构和政府机构选择云计算服务特别是国外机构提供的云计算服务时，不得不考虑的一个重要的前提。

6.1.3 云计算的应用

云计算的应用已经非常广泛，在Google、中国移动、Amazon、Microsoft等，都有非常广泛的应用，如图 6-2 所示。利用云计算实现的功能主要有以下 3 点。IaaS(Infrastructure-as-a- Service)：基础设施即服务。消费者通过 Internet 可以从完善的计算机基础设施获得服务。PaaS(Platform-as-a-Service)：平台即服务。PaaS 实际上是指将软件研发的平台作为一种服务，以 SaaS 的模式提交给用户。SaaS(Software-as-a-Service)：软件即服务。它由 Internet 提供软件，用户无须购买软件，而是租用基于 Web 的软件，来管理企业经营活动。SaaS 有较低的前期成本、便于维护、快速展开使用等优势。比如红麦软件的舆情监测系统。

但是云计算在政务系统中的应用几乎没有。观念是阻碍云服务普及的绊脚石，自己买的东西用着才放心，对所有权的坚持体现在很多方面，最典型的就是房子。而阿里云助力 12306 平稳度过史上流量最大的春运购票高峰，或许会起到一个非常重要的示范作用，从而带动起一轮政府部门和央企大规模采购云计算服务的热潮。其实从百姓来看，像 12306 这样典型的政府公共窗口服务，它们采用

公司	主要业务	云计算应用情况	主要云计算产品	产品类型
Amazon	B2C在线零售业务	自主应用、IT运营、财务应用止逐步迁移到云计算上	AWS(面向用户)	Iaas PaaS
Yahoo!	搜索引擎、新闻资讯、邮箱、社区等	主要使用Hadoop、Sherpa和Mobstor进行数据处理和存储	PNUTS(用于业务支持)等	PaaS
eBoy	线上拍卖购物网站	基于Hadoop构建自己集群处理存储和处理海量数据	Turmeric(开源)	PaaS
百度	搜索引擎	使用云计算进行网页数据挖掘、聚类并对日志存储分析	框计算	PaaS SaaS
IBM	IT设施制造、管理和服务咨询	决策分析、工作协作、桌面云、存储云、数据中心整合IBM6+1云计算解决方案	Tivoli Service Auto Manager、Rational Applicaltion Developer、LotusLive SmartCloud等	IaaS PaaS SaaS
Google	搜索引擎	推出Google文件系统、Bigtable技术和MapReduce技术	Google App Engine、Google Docs等	IaaS PaaS SaaS

图6-2　各种云计算产品

的是铁科院独立研究的系统，还是采用第三方云方案，这些并不重要。百姓只会关注购票系统是否能够顺畅使用，所以价格更实惠的云计算服务显然是深得民心的。

除了技术能力之外，云计算的安全性（如何保护隐私）在经过一阵焦虑之后也已成共识。2014 年 11 月，运行在阿里云计算上的“中国药品电子监管网”正式通过了信息安全等级保护三级测评。这是全国首例部署在云端的部委级应用系统，通过国家权威机构测评。

相关部委和省级政府的顶层设计则为云计算铺平了道路。工信部针对云计算的“十三五”规划已经启动，政府采购云服务方案近期有望试点。在试点推进的过程中，未来政府机关将逐步降低对国外厂商的依赖，提高本土企业市场占有率。

此前，阿里巴巴已与 12 个省及直辖市政府签署了战略合作框架协议，其中云计算均被放在了重要位置：各地政府希望借助云计算推动政府转型和产业升级。地处西南大山中的贵州更是借助阿里云计算的能力打造中国的“数据之都”，目前已将多数政府应用系统搬上云端，并对外开放政府数据目录。

6.1.4　云计算发展趋势

2014 年，我们见证了云计算如何推动消费产品和企业级产品领域的伟大创新，而成为不同规模组织的新常态。如今，云计算已成为推动诸多企业创新的引擎，其中不仅包括 Dropbox、Airbnb、Pinterest、Hailo、WeTransfer 和 Soundcloud 等新兴企业，也包括百时美施贵宝（Bristol-Myers Squibb）、壳牌、联合利华和西班牙曼弗雷（Mapfre）保险集团等成熟企业。与此同时，我们看到大量的中国企业也通过云计算加速了创新的步伐，更快地拓展国际市场。小米正通过云计算服务全球范围的智能手机用户；远景能源通过云计算管理着世界各地的智能风场；猎豹移动通过云计算为全球的用户提供手机安全的保障。毫无疑问，云计算已经产生了广泛的影响。

尽管我们已经见证了各种令人叹服的创新，但一切才刚刚起步。在 2015 年及以后，云计算将会带来触及我们生活的各个方面、令人兴奋的创新，主要表现在以下 8 方面。

（1）云分析将无处不在

云分析几乎影响着每位消费者和每个商业领域。通常，消费者不会注意到云计算，因为云计算在不同的应用程序的身后提供支持，但云分析正变得越来越普遍。从零售建议到基于基因学的产品开发，从金融风险管理到初创企业衡量其新产品的效果，从数字营销到快速处理临床试验数据，这些领域都通过借助基于云分析而达到新的水平。

AWS（Amazon Web Services）已经清晰地看到了这一趋势，因为我们的数据仓库服务 Amazon Redshift 已经成为公司历史上增长最快的云服务。我们甚至发现，Amazon Redshift 是许多企业使用的第一个云服务。随着越来越多的企业开始了解云分析对其发展的作用，该服务在 2015 年实现爆发式增长。

（2）"云"将实现自助分析

过去，组织内部的分析系统处于旧式 IT 的顶点在专用硬件上运行一个集中式数据仓库。在现代企业中，这种情况是不能接受的。在帮助业务部门变得更加敏捷、更快速地响应业务需求并开发客户真正需要的产品方面，"分析"发挥着至关重要的作用。但这种集中式、不够灵活的旧式数据仓库模式往往使企业用户陷入困境。而基于云的分析完全改变了这种情况。

业务部门现在借助云服务的资源，在"云"中迅速创建自己的数据仓库，并可根据其需求和预算选择数据仓库的规模和速度。它可以是一个在白天运行、拥有 2 个节点的小型数据仓库，也可以是一个仅在星期四下午运行几个小时、拥有 1000 个节点的大型数据仓库，或是一个在夜间运行，可以在第二天向工作人员提供所需数据的数据仓库。

全球商业出版物《金融时报》如何使用分析就是一个很好的例子。《金融时报》拥有 120 年的历史，已经在诸多方面进行了变革，它通过使用云来运行商业

智能 (BI) 工作负载，得以分析所有报道，使报纸更加个性化，为读者提供更加定制化的阅读体验，彻底地改变向读者提供内容的方式。

借助新的商业智能系统，《金融时报》每天能够实时分析 140 篇报道，并提高完成分析任务的敏捷性，分析所需时间从几个月缩短到几天。此外，《金融时报》也扩展了其商业智能，以更有针对性地向读者提供广告。通过使用 Amazon Redshift，《金融时报》每天能够处理 1.2 亿个独立事件，并集成内部日志和外部数据源，为读者打造一份更加动态的报纸。

（3）“云”让一切变得智能化

近来，一切都可以变得“智能化”—— 智能手表、智能衣服、智能电视、智能家居和智能汽车。绝大多数的智能设备的软件都是在云端运行的。

无论是家里的温控器、手腕上的活动跟踪器，还是漂亮的超高清电视上的智能电影推荐，它们都由在“云”上运行的分析引擎驱动。由于这些智能产品的“智能”存在于“云”中，这也催生了新一代设备。实现了路灯照明的智能化的飞利浦 CityTouch 就是一个很好的例子。

飞利浦 CityTouch 是适用于整个城市的智能路灯管理系统。它提供联网的道路照明解决方案，允许整个郊区和城市智能地控制路灯照明，做到实时管理天黑后的环境。城市管理人员能够在人流量较高的街道上保持良好的照明，在恶劣天气或环境光线过暗时增加亮度，或者在人烟稀少的工业区调暗灯光。

这项技术已经被应用于布拉格和伦敦郊区等地。CityTouch 正在使用“云”作为后端技术来运行该系统，并从路灯上安装的传感器收集的大量数据中提取有价值的信息。这些数据使城市管理人员更好地了解天黑后城市的情况，并采用更有效的照明管理计划，避免过多的光污染对城市居民和野生动物造成不良影响。

（4）云分析将改善城市生活

云分析能够利用城市环境信息来改善世界各地城市居民的生活条件。芝加哥正在进行的工作就是一个很好的例子。芝加哥是首批在全市范围内安装传感器来永久测量空气质量、光强度、音量、热量、降水量、风力和交通状况的城市之一。

来自这些传感器的数据流入云中进行分析，用于发掘改善居民生活的方式。芝加哥的“Array of Things”项目收集的数据集将在“云”上公开，以供研究人员寻找分析数据的创新方法。

许多城市已经表示有兴趣效仿芝加哥使用云来改善城市生活，并且很多欧洲的城市已经开始行动，比如英国的彼得伯勒市议会。彼得伯勒市议会公开其收集的数据集，让当地社区参与创新。人们将议会公布的不同数据集进行整合。例如，人们可以把犯罪数据和天气情况关联起来，帮助议会了解在炎热天气中是否会发生更多的入室盗窃案，以便他们更好地分配当地警力，或把就医数据与天气情况关联起来，发现其中的趋势和模式。在“云”的帮助下，这些数据开始向大众开放，以推动创新。

（5）“云”将实现工业物联网

当我们想到物联网（IoT）时，通常重点关注物联网对消费者而言意味着什么。但在 2015 年，我们见证了一个不同的物联网的崛起——工业物联网。工业机械将与互联网连接，把数据传输到“云”中，以获得有关使用情况的洞察、提高效率，避免停机。

无论是通用电气给燃气涡轮机安装仪表、壳牌公司在油井中放置传感器、凯驰配备工业清洗机车队，还是建筑工地使用 Deconstruction 的传感器，所有这些都将连续地向云发送数据流，以供实时分析。

（6）“云”将实现视频分析

长久以来，视频仅用于存档、回放和观看。借助“云”强大的处理能力，一个新的趋势应运而生：把视频当作数据流来进行分析。这被称为视频内容分析（VCA），适用于零售、运输等多个领域。

一个常见的应用领域就是在装有摄像头的地方，如商场和大型零售商店。视频分析可以帮助商场了解人流模式。该分析可以提供人流量、停留时间以及其他统计信息。这使零售商能够改善其商店布局和店内营销效果。

另一种常见的应用领域是音乐会等大型活动的实时人群分析，以了解整个场地的人流情况、预防拥堵，从而改善参与者的体验。交通部门也利用类似的方式疏导交通、监测高速公路上的停滞车辆和高速铁路上的物体以及其他运输问题。

另一个把视频内容分析运用在消费领域的创新的例子是 Dropcam。Dropcam 对联网摄像头传送的视频进行分析，为客户提供警报。Dropcam 是目前最大的互联网视频内容生产源，其向“云”中传输的数据流比 YouTube 还要多。

VCA 也成为体育管理的一个重要工具。球队正在使用视频分析来从不同的角度分析球员。例如，在一场英超比赛中，球队利用许多记录下来的视频流的分析数据来改善球员的表现，并推动具体的训练计划。

美国职业棒球大联盟（MLB）的棒球队正在使用视频分析在赛场的电视屏幕上提供更好的实时分析，而美国橄榄球大联盟（NFL）正在使用 VCA 自动制作橄榄球比赛的精简版本，使视频时长缩短 60% ～ 70%。

（7）“云”将改变医疗分析

数据分析正迅速成为分析健康危险因素和改善病人护理的核心。尽管医疗行业面临降低成本和优化病人护理水平，“云”正在发挥着至关重要的作用，并帮助实现数字化医疗。

“云”支持创新的解决方案，如飞利浦 Healthsuite——一个管理医疗数据，并为医生和患者提供支持的平台。飞利浦 Healthsuite 数字化平台分析并存储着从 3.9 亿个影像检查、病历和患者输入中收集的 15PB 的患者数据，为医务人员提供可操作数据，这些数据可以直接影响病患照护。这正在彻底变革着世界各地几十亿人的医疗现状。在 2015 年及以后，我们可以看到“云”在推动患者诊断和治疗方面发挥更大的作用。

（8）“云”将实现安全的分析

从网购到医疗再到家庭自动化，分析在如此多的新领域得到应用，因而分析数据的安全性和私密性变得至关重要。在存储和分析引擎中深度集成加密功能并让用户能够拥有密钥，确保了只有这些服务的使用者才有权访问数据。

6.2　纸牌屋：用大数据“算”出来的电视剧

《纸牌屋》的数据库包含了 3000 万用户的收视选择、400 万条评论、300 万次主题搜索。最终，拍什么、谁来拍、谁来演、怎么播，都由数千万观众的客观喜好统计决定。从受众洞察、受众定位、受众接触到受众转化，每一步都由精准、细致、高效、经济的数据引导，从而实现大众创造的 C2B，即由用户需求决定生产。

一部《纸牌屋》，让全世界的文化产业界都意识到了大数据的力量。《纸牌屋》的出品方兼播放平台 Netflix 在一季度新增超 300 万流媒体用户，第一季财报公布后股价狂飙 26%，达到每股 217 美元，较去年 8 月的低谷价格累计涨幅超三倍。这一切，都源于《纸牌屋》的诞生是从 3000 万付费用户的数据中总结收视习惯，并根据对用户喜好的精准分析进行创作。

6.2.1 两会谈“大数据”

国务院总理李克强在政府工作报告中指出，制订“互联网 +”行动计划，推动移动互联网、云计算、大数据、物联网等与现代制造业结合，促进电子商务、工业互联网和互联网金融健康发展，引导互联网企业拓展国际市场。此番表述，顿时引爆了大家对于这些充满科技词汇的热议。

据业内专家分析，李克强总理在政府工作报告中明确提出了“互联网 +”，这说明在中国经济转型的过程中，依靠互联网等新兴技术来带动传统经济转型已经凝结为共识。

而大数据、云计算、物联网、电子商务、互联网金融等产业，正是近几年发展最迅猛、前景广阔的新兴产业。现在这些高大上的科技词汇已经不再是概念，已经深入到了百姓生活中的方方面面。

就拿大数据来说，它不单被应用在商业活动中，而且在政治领域也发挥了极为重要的作用。在 2012 年美国总统奥巴马谋求总统连任时，就曾经借助于大数据来帮助决策。根据大数据技术的分析，奥巴马竞选团队成功地筹集了 10 亿美元竞选资金，根据实时舆情来改变电视广告的投放策略，利用大数据制定出拉拢摇摆州选民最有效的拉票方法。在大数据和强力竞选团队的帮助下，奥巴马如愿连任。

在本次两会的提案和建言中，也不乏利用大数据来改善民生、提高国家形象的真知灼见。其中列席全国政协会议的海外侨胞代表、完美世界（北京）网络技术有限公司首席执行官萧泓，就提出了将大数据用于中国的公共外交，用大数据这样的前沿技术来提升国家形象，这份建言在政协小组讨论时也获得了广泛的好评。

6.2.2 何为大数据

接下来我们说说何为大数据。如图 6-3 所示，从人类文明开始到 2003 年，产生的数据总和大约是 5EB［最小的基本单位是 bit，按顺序给出所有单位：bit、Byte、KB、MB、GB、TB、PB、EB、ZB、YB、BB、NB、DB，它们按照进率 1024（2 的十次方）来计算］。2012 年这一年产生的数据就达 2.7ZB，足足比人类文明开始至 2003 年涨了 500 倍，而到 2015 年这个数据量再增长了 3 倍。为什么数据量增长如此之快如此之多呢？究其原因是产生这些数据的来源和设备不断增加。2003 年有了淘宝，而后又有了微博、微信等社交圈，每时每刻都在产生巨大的数据。存储数据的设备也发生了日新月异的变化，十年前 1GB 的 U 盘需要好几百元钱才能买到，现在 100GB 的 U 盘都随处可见，移动硬盘都有 1TB、2TB 了。

图 6-3　大数据

但是这些数据都是非结构化的数据，有各种不同的形式，有视频、照片、社交媒体评论等，它往往由形式自由的文本、日期、数字等组成，这些数据都无法存储在预定义的结构化表格中。某些数据源比如微博、微信产生数据非常快，有些甚至来不及分析存储。这就是很多互联网公司无法分析、管理大数据的原因。研究表明仅有 10% ～ 15% 的企业能充分利用大数据，而利用大数据的企业比普通的企业竞争者财务指标高 20%。

以往我们对于“大数据”比如 2000 万个灯泡，要检查其合格率，往往采用抽样调查方法，随机抽取 200 个检查。而我们现在所说的大数据，是要对所有数据进行分析处理。大数据的 4V 特点为：Volume（大量）、Velocity（高速）、Variety（多样）、Value（价值）。

2013 年 5 月 10 日，阿里巴巴集团董事局主席马云在淘宝十周年晚会上，做卸任前的演讲。马云说，大家还没搞清 PC 时代的时候，移动互联网来了，还没搞清移动互联网的时候，大数据时代来了。要了解什么是大数据可以从图 6-4 所示的 3 个层面来分析。

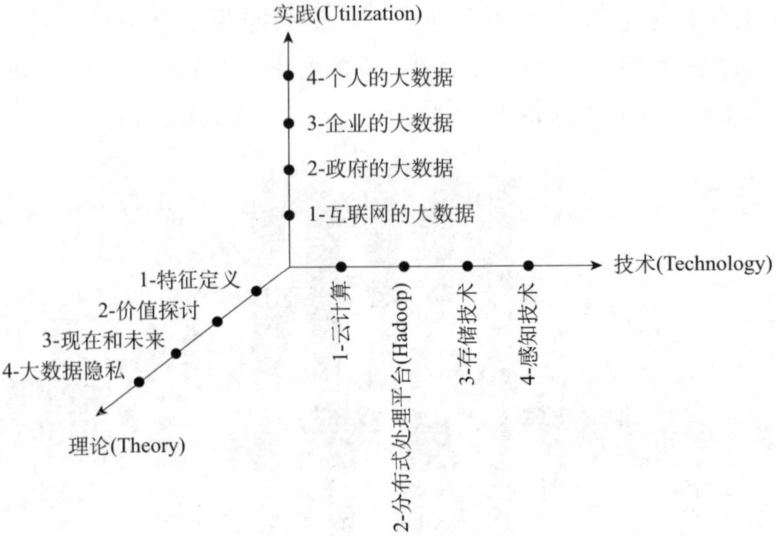

图6-4 大数据的3个层面

未来在大数据领域最具有价值的是以下两种事物：①拥有大数据思维的人，这种人可以将大数据的潜在价值转化为实际利益；②还未有被大数据触及过的业务领域。这些是还未被挖掘的油井、金矿，是所谓的“蓝海”。

Wal-Mart 作为零售行业的巨头，其分析人员会对每个阶段的销售记录进行全面的分析。有一次他们无意中发现虽不相关但很有价值的数据，在美国的飓风来临季节，超市的蛋挞和抵御飓风物品竟然销量都有大幅增加。于是他们做了一个明智决策，就是将蛋挞的销售位置移到了飓风物品销售区域旁边，看起来是为了方便用户挑选，但是没有想到蛋挞的销量因此又提高了很多。

还有一个有趣的例子，1948 年辽沈战役期间，司令员林彪要求每天要进行例常的“每日军情汇报”，由值班参谋读出下属各个纵队、师、团用电台报告的当日战况和缴获情况。那几乎是重复着千篇一律枯燥无味的数据：每支部队歼敌多少、俘虏多少；缴获的火炮、车辆多少，枪支、物资多少……有一天，值班参谋照例汇报当日的战况，林彪突然打断他：“刚才念的在胡家窝棚那个战斗的缴获，你们听到了吗？”大家都很茫然，因为如此战斗每天都有几十起，不都是差不多一模一样的枯燥数字吗？林彪扫视一周，见无人回答，便接连问了三句：“为什么那里缴获的短枪与长枪的比例比其他战斗略高？”“为什么那里缴获和击毁的小车与大车的比例比其他战斗略高？”“为什么在那里俘虏和击毙的军官与士兵的比例比其他战斗略高？”林彪大步走向挂满军用地图的墙壁，指着地图上的那个点说："我猜想，不，我断定，敌人的指挥所就在这里！"果然，部队很快就抓住了敌方的指挥官廖耀湘，并取得这场重要战役的胜利。

这些例子真实地反映在各行各业，探求数据价值取决于把握数据的人，关键是人的数据思维；与其说是大数据创造了价值，不如说是大数据思维触发了新的价值增长。

6.2.3　大数据营销

要从大数据中获得盈利，必须有创新性模式和技术。首先要采集所有数据包括非结构化数据，根据所需信息，定义好若干维度，可以借助 IBM、微软等提供的大数据服务平台来做统计分析和数据挖掘。

数据本身没有价值，通过数据提供服务才具备真正的价值。换言之，"数据即服务"正在被广泛接受。而"数据营销"，正是"大数据"生态系统中日益被重视的分支之一。

趣多多在愚人节的营销活动，创造了 6 亿多次页面浏览并影响到近 1500 万独立用户，品牌被提及的次数增长了 270%。可以说这是一次成功的品牌营销活动，广泛的发声，让趣多多的用户关注度得到了一次巨大的提升，诙谐幽默的品牌基因更加深入地进入到用户的意识层面。不知道今年愚人节趣多多还会有怎样惊艳的表现。

趣多多到底做了些什么呢？

（1）利用社交大数据的敏锐洞察，趣多多精准锁定了以 18 ～ 30 岁的年轻人为主流消费群体。

（2）聚焦于他们乐于并习惯使用的主流社交和网络平台，如新浪微博、腾讯微博、百度大搜、社交移动 APP 以及优酷视频等。

（3）在愚人节当日进行全天集中性投放，围绕品牌的口号展开话题，全面贯彻实时且广泛地与用户沟通机制并深度渗透，使品牌在最佳时机得到有效曝光，也令目标消费者在当天能得到有趣和幽默的体验。

（4）趣多多更是联合《今晚 80 后脱口秀》，将趣多多以"有趣"为主题的品牌定位进一步加以强化。多支短片在趣多多官方微博亮相，主持人王自健和网友的互动也在第一时间和活动主题相呼应。

6.2.4 大数据案例

大数据真的太神奇了，真的可以改变一个企业的运营吗？答案是肯定的。大数据目前是当下最火热的词了，你要是不知道大数据这个概念，都不好意思在众人面前开口。然而实际上很多人都对大数据的应用模糊不清。现在就让我们从下面 13 个大数据应用案例来了解下最真实的大数据故事吧，并清晰地了解大数据在生活当中实际应用的情况。

(1) 大数据应用案例之电视媒体

如图 6-5 所示，对于体育爱好者，追踪电视播放的最新运动赛事几乎是一件不可能的事情，因为有超过上百个赛事在 8000 多个电视频道播出。

而现在市面上开发了一个可追踪所有运动赛事的应用程序 RUWT，它可以在 iOS 和 Android 设备以及 Web 浏览器上使用，它不断地分析运动数据流来让球迷知道他们应该转换成哪个台可以看到想看的节目，在电视的哪个频道上找到，并让他们在比赛中进行投票。对于谷歌电视和 TiVo 用户来说，实际上 RUWT 就是让他们改变频道参与到一个比赛中。

该程序能基于赛事的紧张激烈程度对比赛进行评分排名，用户可通过该应用程序找到值得收看的频道和赛事。

图6-5 大数据应用之电视媒体

(2) 大数据应用案例之社交网络

如图 6-6 所示，数据基础设施工程部高级主管 Ghosh 描绘的 LinkedIn 数据构建图，其中就包括 Hadoop 战略部署。

以前，LinkedIn 只是一家普通的科技公司。而现在，其俨然成为一个工程强国。LinkedIn 建成的一个最重要的数据库是 Espresso。不像 Voldemort，它是继亚马逊 Dynamo 数据库之后的一个最终一致性关键值存储用于高速存储某些确定数据。Espresso 作为一个事务一致性文件存储，通过对整个公司的网络操作取代遗留的 Oracle 数据库。它最初的设计就是为了提供 LinkedIn InMail 消息服务的可用性，该公司计划推出开源 Espresso。

另外，可口可乐借助专业大数据公司的力量，玩转了基本开源的社交媒体大数据，把准了中国消费者的脉搏，从而推出了“宅男”、“邻家女孩”、“表情帝”、“小清新”等 60 多种“瓶昵称”。在饮料销售竞争激烈的背景下，可口可乐这项大数据策略，有效吸引了更多消费者的注意力，在新浪微博等社交媒体上掀起了“昵称瓶”的热门讨论。从 6 月初到 7 月底，“昵称瓶”可口可乐在华销量较同期增长 20%。乘热打铁，可口可乐又推出“歌词瓶”。

图 6-6 大数据应用之社交网络

（3）大数据应用案例之医疗行业

如图 6-7 所示，Seton Healthcare 是采用 IBM 最新沃森技术医疗保健内容分析预测的首个客户。该技术允许企业找到大量与病人相关的临床医疗信息，通过大数据处理，更好地分析病人的信息。

在加拿大多伦多的一家医院，针对早产婴儿，每秒钟有超过 3000 次的数据读取。通过这些数据分析，医院能够提前知道哪些早产儿出现问题并且有针对性地采取措施，避免早产婴儿夭折。

它让更多的创业者更方便地开发产品，比如通过社交网络来收集数据的健康类 APP。也许未来数年，它们搜集的数据能让医生的诊断变得更为精确，比方说不是通用的成人每日三次每次一片，而是检测到你的血液中药剂已经代谢完成会自动提醒你再次服药。

Express Scripts 就是这么一家处方药管理服务公司，目前它正在通过一些复杂模型来检测虚假药品，这些模型还能及时提醒人们何时应该停止用药。Express Scripts 能够解决该问题的原因在于其拥有的所有有关的数据。因为它每年管理着 1.4 亿个处方，覆盖了 1 亿美国人和 65000 家药店，虽然该公司能够识别潜在问题的信号模式，但它也使用数据来尝试解决某些情况下之前曾经发现的问题。

同时，Express Scripts 还着眼于一些事情，如他们所开处方的药物种类，甚至有人在网上谈论医生。如果一个医生的行为被标记为红色的旗帜，那么他在网络上是个好人的形象，更是你所需要的医生。

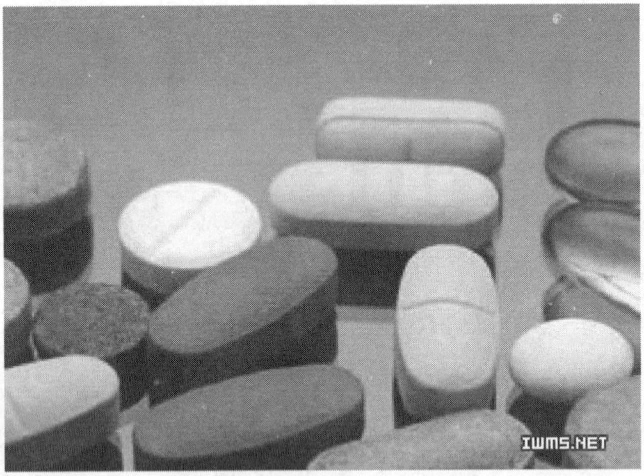

图6-7 大数据应用之医疗行业

（4）大数据应用案例之保险行业

如图 6-8 所示，保险行业并非技术创新的指示灯，然而 MetLife 保险公司已经投资 3 亿美元建立一个新式系统，其中的第一款产品是一个基于 MongoDB 的应用程序，它将所有客户信息放在同一个地方。

MongoDB 汇聚了来自 70 多个遗留系统的数据，并将它合并成一个单一的记录。它运行在两个数据中心的 6 个服务器上，目前存储了 24TB 的数据。这包括 MetLife 的全部美国客户，尽管它的目标是扩大它的国际客户和多种语言，同时也可能创建一个面向客户的版本。它的更新几乎是实时的，当新客户的数据输入时，就好像 Facebook 墙一样。

大多数疾病可以通过药物来达到治疗效果，但如何让医生和病人能够专注参加一两个可以真正改善病人健康状况的干预项目却极具挑战。安泰保险目前正尝试通过大数据达到此目的。

安泰保险为了帮助改善代谢综合症患者的预测，从千名患者中选择 102 位完成实验。在一个独立的实验室工作内，通过患者的一系列代谢综合症的检测试验结果，在连续 3 年内，扫描 600 000 个化验结果和 18 万个索赔事件。将最后的结果组成一个高度个性化的治疗方案，以评估患者的危险因素和重点治疗方案。这样，医生可以通过食用他汀类药物及减重 5 磅等建议而减少未来 10 年内 50% 的发病率。或者通过患者目前体内高于 20% 的含糖量，而建议降低体内甘油三酯总量。

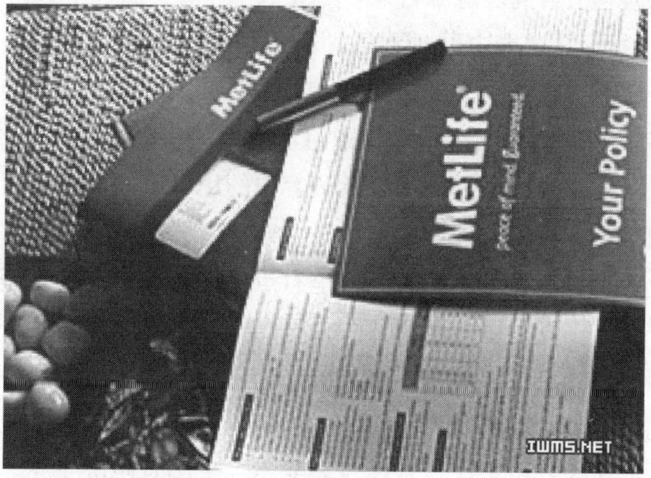

图 6-8　大数据应用之保险行业

（5）大数据应用案例之职业篮球赛

如图 6-9 所示，专业篮球队会通过搜集大量数据来分析赛事情况，然而他们还在为这些数据的整理和实际意义而发愁。通过分析这些数据，可否找到两三个制胜法宝，或者至少能保证球队获得高分？Krossover 公司正致力于此。

在每场比赛过后，教练只需要上传比赛视频。接下来，来自 Krossover 团队的大学生将会对其分解。等到第二天教练再看昨晚的比赛时，他只需检查任何他想要的数据统计、比赛中的个人表现、比赛反映等。通过分析比赛视频，毫不夸张地分析所有的可量化的数据。

图6-9 大数据应用之职业篮球赛

（6）大数据应用案例之能源行业

如图 6-10 所示，智能电网现在欧洲已经做到了终端，也就是所谓的智能电表。在德国，为了鼓励利用太阳能，会在家庭安装太阳能，除了卖电给你，当你的太阳能有多余电时还可以买回来。通过电网收集每隔 5 分钟或 10 分钟收集一次数据，收集来的这些数据可以用来预测客户的用电习惯等，从而推断出在未来 2 ～ 3 个月时间里，整个电网大概需要多少电。有了这个预测后，就可以向发电或者供电企业购买一定数量的电。因为电有点像期货一样，如果提前买就会比较便宜，买现货就比较贵。通过这个预测，可以降低采购成本。

维斯塔斯风力系统，依靠的是 BigInsights 软件和 IBM 超级计算机，然后对气象数据进行分析，找出安装风力涡轮机和整个风电场最佳的地点。利用大数据，以往需要数周的分析工作，现在仅需要不足 1 小时便可完成。

图 6-10 大数据应用之能源行业

（7）大数据应用案例之社会生活

如图 6-11 所示，印度有一档非常受欢迎的电视节目 Satyamev jayate。该节目整理并分析社会民众关于争议话题的各种意见，包括女性堕胎、种姓歧视和虐待儿童等社会热点问题，并使用这些数据来推进政治改革。

虽然目前只播放了 13 集，但是来自各方的反馈数据不容小觑。

来自印度电视和世界各地的 YouTube 上的 400 万观众。

超过 1.2 亿人在其网站、Facebook、Twitter、YouTube 和移动设备上已连接 Satyamev jayate。

超过 800 万人通过 Facebook、网络注释、文本消息及电话热线等方式发送 14 万个回应，每周有超过 10 万个新观众进行回应。

图6-11　大数据应用之社会生活

（8）大数据应用案例之公路交通

如图 6-12 所示，在洛杉矶开过车的人一定都经历过那里噩梦般的交通拥堵情况。目前政府在 I-10 和 I-110 州际公路上建立了一条收费的快速通道。政府可通过大数据引导驾驶人员在该通道上的行驶情况，保证交通畅通。

施乐就是参与此次项目的公司，它的抗拥塞项目，包括用 ExpressLanes、动态定价、上升的需求等以维持某种秩序的想法。施乐公司的首席技术执行官 Natesh Manikoth 表示，如果司机支付给驾驶热车道（高占用收费系统），他必须保证车速每小时 45 英里左右。如果交通开始拥堵，私家汽车的支付价格将上升，以减少他们进入，而将车道用于高占用率的车辆，例如公共汽车和大巴车。

施乐还有另一个项目在洛杉矶称为 ExpressPark，其目标是让人们知道他们何时即将离开房子，在哪能找到停车场和花费金额。不仅要确保定价，同时更要确保数据实时到达用户手中。例如，应当提前 40 分钟告知用户停车位置。

图6-12 大数据应用之公路交通

（9）大数据应用案例之汽车制造

如图 6-13 所示，当问起汽车的制造过程，大多数人脑子里随即浮现的是各种生产装配流水线和制造机器。然而在福特，在产品的研发设计阶段，大数据就已经对汽车的部件和功能产生了重要影响。

比如，福特产品开发团队曾经对 SUV 是否应该采取掀背式（即手动打开车后行李箱车门）或电动式进行分析。如果选择后者，门会自动打开、便捷智能，但这种方式会影响到车门开启有限的困恼。此前采用定期调查的方式并没有发现这个问题，但后来根据对社交媒体的关注和分析，发现很多人都在谈论这些问题。

图6-13 大数据应用之汽车制造

（10）大数据应用案例之零售业

如图 6-14 所示，我们的某个客户，是一家领先的专业时装零售商，通过当地的百货商店、网络及其邮购目录业务为客户提供服务。公司希望向客户提供差异化服务，如何定位公司的差异化，他们通过从 Twitter 和 Facebook 上收集社交信息，更深入地理解化妆品的营销模式，随后他们认识到必须保留两类有价值的客户：高消费者和高影响者。希望通过接受免费化妆服务，让用户进行口碑宣传，这是交易数据与交互数据的完美结合，为业务挑战提供了解决方案。Informatica 的技术帮助这家零售商用社交平台上的数据充实了客户主数据，使他的业务服务更具有目标性。

零售企业也监控客户的店内走动情况以及与商品的互动。它们将这些数据与交易记录相结合来展开分析，从而在销售哪些商品、如何摆放货品以及何时调整售价上给出意见，此类方法已经帮助某领先零售企业减少了 17% 的存货，同时在保持市场份额的前提下，增加了高利润率自有品牌商品的比例。

图6-14　大数据应用之零售业

（11）大数据应用案例之总统竞选

如图 6-15 所示，许多人通过 Facebook 更新个人状态、分享图片以及他们“喜欢”的内容。奥巴马的总统竞选运动也通过使用社交网络的各种数据功能完成了竞选，他们不仅通过社交网络寻找支持者，而且还通过社交网络召集了一批志愿军。

早在 2006 年，Facebook 联合创始人——克里斯·休斯就建议扎克伯格在网站上推出相关服务，帮助总统候选人在 Facebook 上建立个人主页，以便他们进行形象推广。2006 年 9 月，Facebook 全面开放，用户数量爆炸式增长，在年底达到 1200 万。这一过程恰好有利地推升了奥巴马的知名度。此后，在克里斯的辅佐下，奥巴马掀起了一系列的网络活动，在 Facebook、MySpace 等社交网站上发表公开演讲、推广施政理念，赢得大量网民支持，募集到 5 亿多美元的竞选经费。

最终，“黑人平民”战胜了实力雄厚的对手，成为美国历史上第一位黑人总统，之后，在第二次的选举中更获得连任。此次选举被认为是美国民主的巨大进步，而互联网则提供了前所未有的实施手段，其中尤以 Facebook 代表的社交网站最为突出，以至于有人戏称之为“Facebook 之选”。

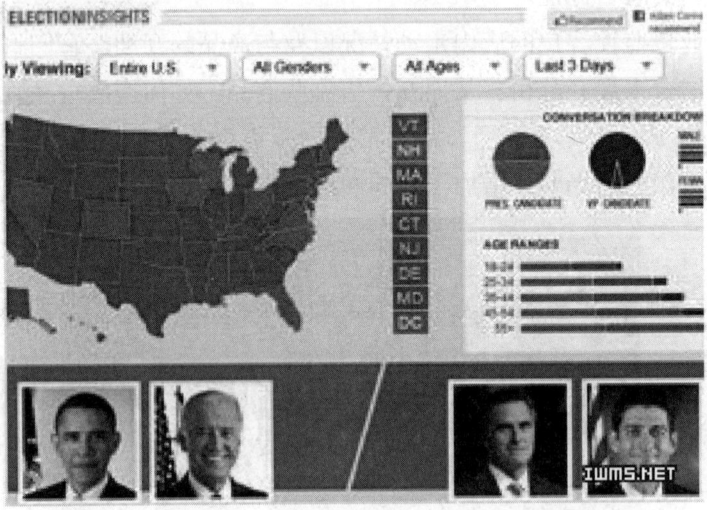

图6-15　大数据应用之总统竞选

（12）大数据应用案例之电子邮件

如图 6-16 所示，MailChimp 的核心业务是提供电子邮件服务，它在一年内为大约 300 万用户发送了 350 亿封邮件。不过真正能体现 MailChimp 未来价值的则是该公司对这些邮件数据的处理和分析。

MailChimp 的一个重要任务就是搞清楚如何帮助客户更好地了解他们所发送的信息。考虑到这一点，该公司建立了一个服务叫 Wavelength，向客户展示了与他们相似的其他信息。这个系统使得 Wavelength 能够储存公司数据库中每个邮件地址发生的互动。这意味着告诉了你，用户打开了什么样的邮件，何时打开，他们点击了什么链接，还有订阅了什么邮件。MailChimp 也有一个功能叫做 Ecommerce360，能让客户通过转换来跟踪点击。

图 6-16　大数据应用之电子邮件

（13）大数据应用案例之音乐

如图 6-17 所示，十多年前，音乐元数据公司 Gracenote 收到来自苹果公司的神秘忠告，建议其购买更多的服务器。Gracenote 照做了，而后苹果推出 iTunes 和 iPod，Gracenote 从而成为了元数据的帝国。

在车内听的歌曲很可能反映你的真实喜好，Gracenote 就拥有此种技术。它采用智能手机和平板电脑内置的麦克风识别用户电视或音响中播放的歌曲，并可检测掌声或嘘声等反应，甚至还能检测用户是否调高了音量。这样，Gracenote 可以研究用户真正喜欢的歌曲、听歌的时间和地点。

Gracenote 拥有数百万首歌曲的音频和元数据，因而可以快速识别歌曲信息，并按音乐风格、歌手、地理位置等分类。

图6-17　大数据应用之音乐

6.2.5 大数据学习

大数据的学习包括 Hadoop、HBase、大数据交换、大数据查询。具体内容如图 6-18 所示。

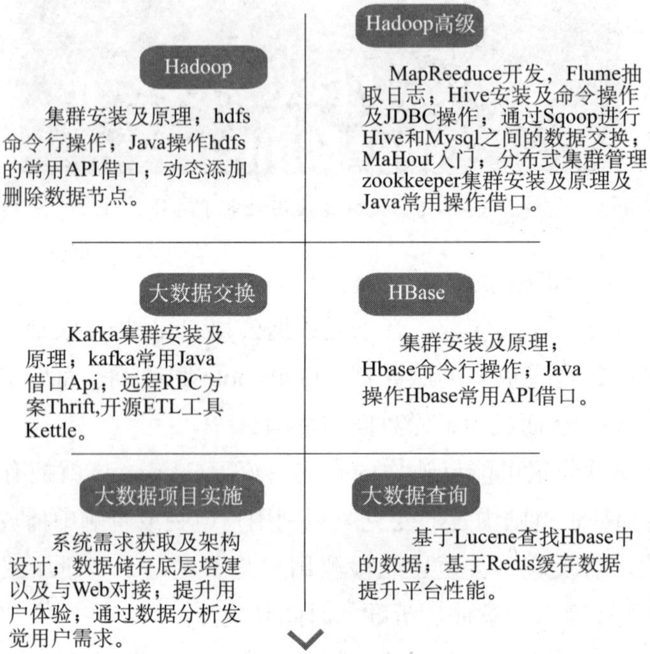

图6-18　大数据学习内容

可推荐大数据学习相关的两个视频给大家。

（1）新生存三要素——食物，水，数据中心。（网址为 http://www.intel.com/content/www/cn/zh/big-data/food-water-datacenter-video.html）

（2）大数据如何产生巨大影响力。（网址为 http://www.intel.com/content/www/cn/zh/big-data/big-data-101-animation.html ）

6.3 小米、海尔“跑马圈地”

2014 年 12 月中旬，小米投入 12.66 亿元战略入股美的，在国内智能家居领域开创了“智能手机 + 综合家电”的先河。2015 年 1 月 20 日，家电巨头海尔和手机厂商魅族联合宣布，海尔 U+（即 U-Home）平台和魅族在智能家居方面结成统一战线，魅族加入 U+ 产业联盟。这也是继小米入股美的后，国内出现的第二个手机与综合性家电企业结成的智能家居联盟。两大阵营都在跑马圈地，力图建立和完善自己的生态圈，如图 6-19 所示。

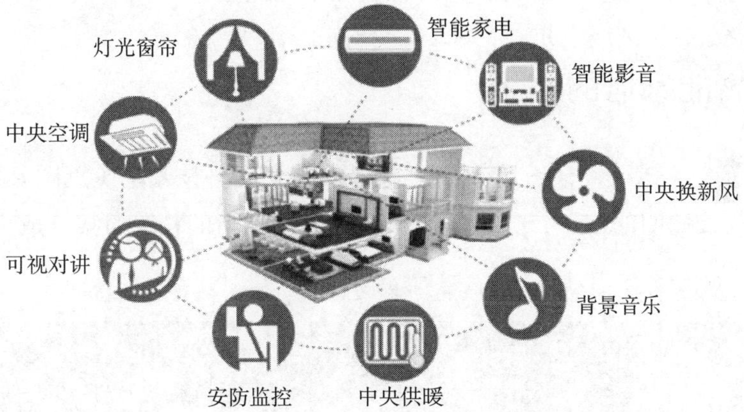

图6-19　生态圈

6.3.1　何为智能家居

智能家居（英文为 smart home，home automation）是以住宅为平台，利用综合布线技术、网络通信技术、安全防范技术、自动控制技术、音视频技术将家居生活有关的设施集成，构建高效的住宅设施与家庭日程事务的管理系统，提升家居安全性、便利性、舒适性、艺术性，并实现环保节能的居住环境。

从本质上讲，智能家居实际上就是将一些具备互联网功能的智能设备，整合到一个平台上进行统一管理。智能手机目前被视为争夺智能家居总体管理权的重要入口，而品类众多、在家庭生活中占据重要地位的家电，则是当前最有可能导入的智能设备。所以，综合性家电企业和智能手机企业的联合，对智能家居的发展有重要意义。

智能家居是物联网最重要的具体应用之一，物联网的规模是互联网规模的数 10 倍。最新数据显示，2015 年全球物联网市场规模达 3300 亿美元，年增长率将达 25%。到 2020 年，中国智能家居市场规模将达到 3500 亿元以上。

智能家居是在互联网的影响之下物联化的体现。智能家居通过物联网技术将家中的各种设备（如音视频设备、照明系统、窗帘控制、空调控制、安防系统、数字影院系统、影音服务器、影柜系统、网络家电等）连接到一起，提供家电控制、照明控制、电话远程控制、室内外遥控、防盗报警、环境监测、暖通控制、红外转发以及可编程定时控制等多种功能和手段。与普通家居相比，智能家居不仅具有传统的居住功能，兼备建筑、网络通信、信息家电、设备自动化，提供全方位的信息交互功能，甚至为各种能源费用节约资金。

6.3.2 智能家居的应用

比尔·盖茨耗巨资，经历数年建造起来的大型科技豪宅（见图6-20）。这个被世界称为最聪明的房子，完成了高科技与家居生活的精美对接，成为世界一大奇观。

图6-20 比尔·盖茨科技豪宅

1. 科技豪宅“未来屋”

这所被称为“未来屋”的神秘科技之宅，从本质上来说其实就是智能家居。比尔·盖茨通过自己的“未来屋”，一方面全面展示了微软公司的技术产品与未来的一些设想；另一方面，也展示了人类未来智能生活场景，包括厨房、客厅、家庭办公、娱乐室、卧室等一应俱全。室内的触摸屏能够自动调节整个房间的光亮、背景音乐、室内温度等，就连地板和车道的温度也都是由自计算机自动控制的，此外房屋内部的所有家电都通过无线网络连接，同时配备了先进的声控及指纹技术，进门不用钥匙，留言不用纸笔，墙上有耳，随时待命。尽管盖茨之家至今已经有相当长的一段时间，从目前来看，其所构建的智能家居系统与理念还是具有一定的引领性。

身为 PC 互联网时代的一代领航人，盖茨的豪宅也领跑了科技之巅。屋内所有的高科技设备，让你还没有走进家门就能享受尖端智能服务的便捷（见图 6-21）。举个例子，炎热的夏天，如果盖茨想一进家门就能享受空调带来的凉爽，他可以随时拿起手机接通别墅的中央电脑，用数字按键与电脑沟通，启动遥控装置，指挥家中的任何设备，如开启智能风扇、空调、简单烹饪、调节浴缸水温等，电脑都能精准的完成指令。

图6-21　客厅遥控装置

2. 电子胸针——专为访客私人定制的

“比尔之家”的访客很少，那些有幸被邀请的每一位都会受到周到的招待，而做到这些完全不用盖茨操心。访客从一进门开始，就会领到一个内建微芯片的胸针，通过它可以自动设定客人的偏好，如温度、灯光、音乐、画作、电视节目、电影爱好等。整个建筑根据不同的功能分为 12 个区，各区通道都设有“机关”，来访者通过时，特制胸针中设置的客人信息会被作为来访资料储存到电脑中，地板中的传感器能在 15cm 范围内跟踪人的足迹，当感应有人来到时自动打开系统，离去时自动关闭系统。

因此，无论客人走到哪里，电脑都会根据接收到的客人数据，甚至预见客人的需求，将环境调整到宾至如归的境地。当你踏入一个房间，藏在壁纸后方的扬声器就会响起你喜爱的旋律，墙壁上则投射出你熟悉的画作。此外你也可以使用一个随身携带的触控板，随时调整感觉。甚至当你在游泳池戏水时，水下都会传来悦耳的音乐。

3. 科技的智慧——安全系数有保证

科技赋予这所房子严谨的安全屏障，入口安装先进的微型摄像机，除主人外，其他人进入会通过摄像机系统通知主人，由主人向电脑下达命令，开启大门，发送胸针，方可进入。除了更好服务访客的功效外，胸针还扮演了安全屏障中的重要角色，来访者如果没有胸针，就会被系统确认为入侵者，电脑就会通过网络进行报警。

此外，当一套安全系统出现故障时，另一套备用系统就会自动启动，只要主人需要，只要按下“休息”按钮，设置在房子四周的智能报警系统便开始工作。如果需要，那些隐藏在暗处的摄像机甚至可以做到无死角拍摄。火灾同样不必担心，住宅的消防系统要通过通信系统中自动对外报警，并显示最佳营救方案，切断有危险的电力系统，并根据火势分配供水。

4. 世界首富的“数字情节”

整座建筑物有长达 84 公里的光纤缆线，但有趣的是，墙壁上看不到任何一个插座或者线缆。供电电缆、数字信号传输光纤均隐藏在地下。其供电系统、光纤数字神经系统会将主人的需求与电脑、家电完整连接，并用共同的语言彼此对话，让电脑能够接收手机与感应器的信息，而卫浴、空调、音响、灯光等系统均能够听懂中央电脑的命令，这个家居控制建立在一个典型的数字控制基础上。

5. 智能化最高会议室与一体化工作室客厅

对于一名世界顶尖的商务人士来说，拥有一个智能化顶级会议室十分必要，而“比尔之家”的这个会议室绝对可以 24 小时随时高速接入互联网，召开视频会议，同时计算机还可以通过遍布房间的传感器，自动记录整座住宅的动静。盖茨的住房人性化还体现在他的工作室与客体连成一片，进入会客大厅，最醒目的是墙壁上 40 平方英寸的背投式电视，这里大到足够举行一场 150 人的鸡尾酒会。

6.“未来屋”中令人惊叹的智能设备

高科技在家居中的应用在这里足以让你惊叹，大门装有气象指标感知器，可以根据各种气象指标，控制室内温度和通风的情况。厨房配置全自动烹调设备，盖茨的商业级厨房可为 100 多人提供饮食服务。当然，也有一个可容纳 24 人的专用餐厅来享受壁炉晚餐。甚至厕所中还安装了一套检查身体的电脑系统，发现异常，电脑就会自动发出警告。花园中，通过先进的传感设备，可以根据植物的生长情况，实现针对性的全自动浇水与施肥……

7.“未来屋”映射住宅发展新方向

比尔·盖茨的这座“未来屋”真实再现了美国大片的智能场景，科技改变生活的力量，在这所科技大观园中被发挥得淋漓尽致，它似乎在向人们预示，未来一切皆有可能，虽然一直被指是有钱人的游戏，但从另一方面来说，“未来屋”映射出了家居住宅的发展新方向：家居智能化。

随着社会经济水平的发展，人们日益追求个性化、自动化、快节奏、充满乐趣的生活方式，生活家居的人性化、智能化不再是富豪巨头的专属。智能电子技术、网络与通信技术的应用，正在给人们的家居生活带来了全新的感受，家居智能化已经成为一种趋势。

尽管比尔·盖茨的“未来屋”从当下来看，还是让人震撼的，但今天的技术显然已经发生了更为深刻的改变，尤其是像晶控一类的亲民化智能家居产品的出现，有力地推进了智能家居行业的普及。可以预见，家居的智能化生活是一种必然的趋势。

6.3.3 智能家居技术

智能家居领域由于其多样性和个性化的特点，也导致了技术路线和标准众多，没有统一通行技术标准体系的现状，从技术应用角度来看主要有三类主流技术。

第一类——总线技术类

总线技术的主要特点是所有设备通信与控制都集中在一条总线上，是一种全分布式智能控制网络技术，其产品模块具有双向通信能力，以及互操作性和互换性，其控制部件都可以编程。典型的总线技术采用双绞线总线结构，各网络节点可以从总线上获得供电，也通过同一总线实现节点间无极性、无拓扑逻辑限制的互连和通信。

总线技术类产品比较适合于楼宇智能化以及小区智能化等大区域范围的控制，但一般设置安装比较复杂，造价较高，工期较长，只适用新装修用户。

第二类——无线通信技术类

无线通信技术众多，已经成功应用在智能家居领域的无线通信技术方案主要包括：射频（RF）技术（频带大多为 315 和 433.92MHz）、IrDA 红外线技术、HomeRF 协议、Zigbee 标准、Z-Wave 标准、Z-world 标准、X2D 技术等。

无线通信技术方案的主要优势在于无须重新布线，安装方便灵活，而且根据需求可以随时扩展或改装，可以适用于新装修用户和已装用户。

第三类——电力线载波通信技术

电力线载波通信技术充分利用现有的电网，两端加以调制解调器，直接以 50Hz 交流电为载波，再以数百 kHz 的脉冲为调制信号，进行信号的传输与控制。

智能家居交互平台是一个具有交互能力平台，并且通过平台能够把各种不同的系统、协议、信息、内容、控制在不同的子系统中进行交互、交换。它具有如下特点。

（1）每个子系统都可以脱离交互平台独立运行

智能家居交互平台中，各个子系统在脱离交互平台时能够独立运行，如楼寓对讲、家庭报警、各种电器控制、门禁、家庭娱乐等。各子系统在交互平台管理下运行，平台能采集各子系统的运行数据，系统的联动。

（2）不同品牌的产品、不同的控制传输协议能通过这个平台进行交互

由于有了交互平台，不同子系统在交户平台的统一管理下，可以协同工作和运行数据的交换、共享，给用户最大限度的选择权，充分体现智能家居的个性化。同时，它还具有网关的功能，通过交互平台，能与广域网连接，实现远程控制、远程管理。具有多种主流的控制接口，如 RS485、RS232、TCP、IP 等，同时可以扩充添加国内外流行的控制接口，如 EIB、lonwork、CE-bus、Canbus，以及无线网络，如 WiFi、GPRS、蓝牙等。根据客户及市场的变化不断增加各种总线、系统的驱动软件和硬件接口，丰富多样的通信、控制接口，为子系统的多样选择提供的基础保障，智能家居有了最大限度的包容性，用户有了更大的选择余地。

（3）智能终端（触摸屏）仅作为各子系统的显示、操作界面

整个系统在平台的控制、管理下运行，智能终端（触摸屏）仅作为各子系统的显示、操作界面，多智能终端配置容易可行。同时，可以记录各子系统的运行数据、为系统运行优化、自学习提供依据。交互平台，可以记录存储各系统的运行数据，对系统的运行可以提供有效的历史数据，同时可以根据历史的运行数据，总结出主人的使用习惯和某种规律，让系统能够自学习。

（4）控制软件可编程（DIY），提供信息服务

此系统方便用户改变控制逻辑、控制方式、操作界面，用户的控制逻辑、操作界面可以自定义，也可以 DIY。在现代的智能家居系统中，信息服务是非常重要的不可或缺的部分，有了信息服务，它给智能家居更多的“智慧”，给我们的生活提供更多的信息和资讯，给智能家居赋予更生动的生命。它是智能家居更高的境界。信息服务内容包括：健康、烹饪、交通信息、生活常识、婴幼儿哺育、儿童教育、日常购物、社区信息、家居控制专家等，智能家居已不仅仅是面向控制的系统而是信息服务与控制有机结合的系统。

（5）多种控制手段

在日常家居生活中，为了使我们对家庭的控制系统能随时掌控、需要的信息随时获取，操作终端的形式非常重要，多种形式的智能操作终端是必不可少的，如智能遥控器、移动触摸屏、计算机、手机、PDA 等。

而随着云技术的发展，市面上出现了将云语音控制融入到控制系统的智能家居控制软件，不需要专业的设备，任意一台智能手机或是平板电脑安装上软件即可，其兼容 Windows、iOS、Android 系统。开启手机软件，启用监听模式，在声场覆盖的范围内，即可与系统对话控制电气设备，更强大的是该系统还可以接入互联网系统，进行日常信息查询，浏览网页，搜索音乐等功能，整个交互的过程，可以是全语音也可以是屏幕显示。

6.3.4　未来 @ 家——智慧家庭概念馆

随着人们对家庭生活品质的要求不断提升，智能家居的概念正深入人心。作为物联网家居行业的新兵，智能家居消费市场潜力无限。就目前市场情况而言，将线下的商务机会与互联网结合在一起的 O2O 营销新模式正成为智能家居行业新的关注焦点。

在 2015 年政府工作报告中，国务院总理李克强首次提及“把以互联网为载体、线上线下互动的新兴消费搞得红红火火”，这是中国政府总理第一次提及鼓励 O2O 线上线下互动消费，这对目前大热的 O2O 在智能家居行业应用将起到促进作用。

智能家居经过十几年的发展，已从过去复杂烦琐的有线技术快速发展到现下流行的无线技术，产品性能和价格都比以前更为亲民，这为智能家居的普及打下

了良好的基础。随着互联网和移动互联网的发展，人们越来越倾向于在线购物、移动购物。2016 年仅双“11”当天，支付宝成交金额就突破 1200 亿元，消费者在电商平台上的线上消费能力惊人。面对线上销售巨大的市场潜力，智能家居企业应把握时代潮流，充分利用好各大电商平台优势，将传统的线下销售与互联网线上销售紧密结合在一起，形成新型 O2O 销售模式。

智能家居行业向 O2O 方向发展，不少智能家居企业也紧跟时代步伐，抓紧互联网机遇，全面完善自身的营销体系，比如国内知名的智能家居企业物联传感。在新时代新机遇的引领下，物联传感强力整合现有营销资源，借助各大营销平台，将智能家居线上营销与线下体验相结合，全面普及智能家居。

值得注意的是，随着移动互联网的发展，微信、微博也逐渐成为新型电商营销平台。电商在微信朋友圈中以图片与文字的方式展示货品，买家与卖家一对一交流达成意向后，依靠快递送货上门，简便、迅捷的交易流程令微商成为网购族的新宠。除了可以通过微商购物，人们还可利用手机等智能终端，远程实时控制智能家居，享受一键掌控家居生活的畅快。

在 2015 年中国家电博览会上，首次设立了“未来 @ 家——智慧家庭概念馆”。在该展区中，芯片、传感器、集成电路等智能系统上游企业及移动互联、大数据、云计算等下游企业共同参与，把智能家居从概念化产品带到了每位消费者的面前。此外，京东、海尔等厂商还搭建了各自智能家居样板间，让参观者亲身体验未来智能家居生活。

除了智慧家庭概念馆展区以外，本次展会还将有多款旗舰产品发布。目前已经确定的消息包括海尔、创维、夏普、LG、TCL 等国内外知名厂商将会有新品亮相，其中不乏首次中国登场的全新机型。

此外，中国家电博览会还联合了京东和多家参展企业打造一个“抢鲜购”体验专区。在这里，消费者可以直接体验并下单购买。

6.4 互联网公司与设计公司“联姻”

制造业革命和信息革命共同推动了工业设计和交互设计的发展。以互联网和工业制造为基础的第四次工业革命正在席卷全球。如果中国要在工业 4.0

时代领先，就不能丢弃工业设计和交互设计。当下的时代正由创意阶段——艺术、文化、设计、音乐、时尚以及一部分的工程和科技人所主导，工业设计与交互设计发挥着越来越重要的作用。互联网公司与设计公司的联姻也成为一种趋势。小米收购了国内一家用户体验设计和界面设计领先的一线设计公司。公关公司蓝色光标也收购了一家美国很火的智能硬件设计公司。这不是结束，而是刚刚开始，未来将会有大量的独立设计服务公司被并入成长型的科技巨头。只有科技和艺术结合，才是中国设计公司尤其是工业设计公司最终的出路。

工业4.0时代，长虹智造走向“私人订制”。在过去的一年，长虹借道“家庭互联网”概念进入一个自我颠覆的轨道中。在今年的CES展上，长虹展出了非常丰富的智能家电产品，包括可以随触摸而改变色彩明暗的灯光系统、用无线控制的空气净化器以及各种全新的厨房家电，超凡的设计感吸引了无数的目光。长虹三大“智能”神器的落地则是这个逻辑的结果：智能交易，通过建立“蜂鸟”项目，力求在集团与用户分散的沟通平台之上，重新建构与用户沟通的新型渠道；智能研发，以软件与服务中心和数字营销产业集团新成立为标志，从“拍脑袋”研发到直击用户痛点的转变；以机器人生产线的改造为开始，长虹从无人工厂到“私人订制”的智能制造转变。

原工信部部长李毅中指出：工业4.0战略的实质，是用物联网、服务互联网首先将制造业的物理设备连接到互联网上，形成一个“信息物理系统网络”；再将传感器、终端系统、智能控制系统、通信设施组合起来，从而将制造者、机器、物料、制造环境以及用户紧密联系起来，实时连通、相互识别、有效交流。这个大系统使得制造厂成为智能工厂，制造方式成为智能化制造。

6.4.1　何为工业设计4.0时代

想要了解工业设计4.0时代，就要了解其2大主题、3个重点，8大关键。2大主题是智能工厂＋智能生产；3个重点是通过价值网络实现横向集成，工程端到数字集成横跨整个价值链，垂直集成和网络化的制造系统；8大关键是标准化和参考架构，复杂系统的管理，一套综合的工业宽带基础设施，安全和安保，工作的组织和设计，培训和持续的职业发展，监管框架，资源效率。

从工业1.0到工业4.0的发展历程，如图6-22所示。

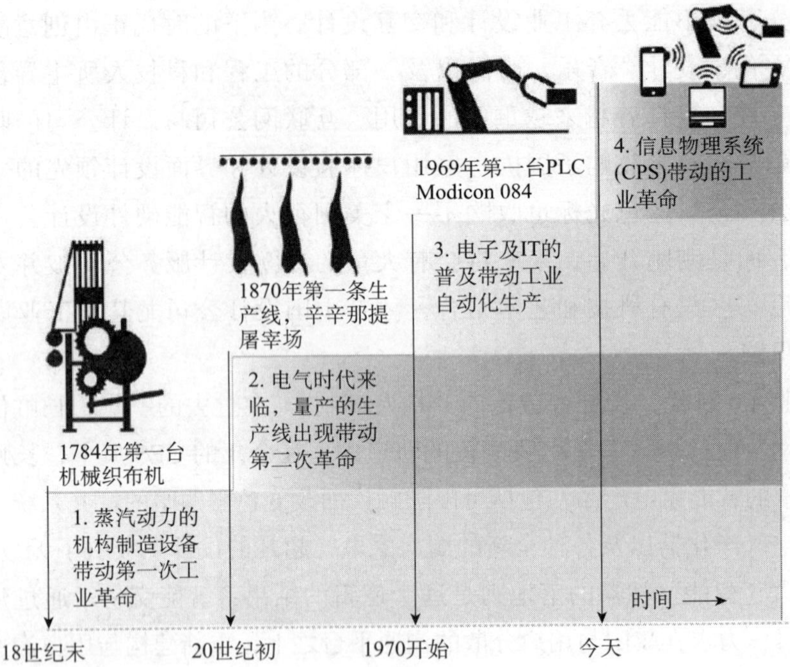

图6-22　工业发展历程

工业设计 4.0 的关键词如图 6-23 所示。

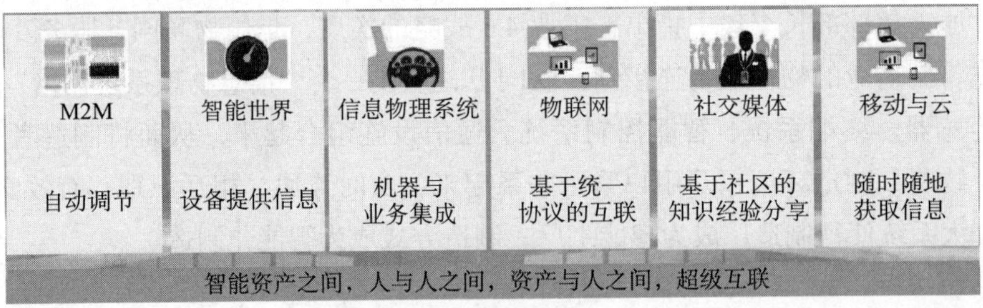

图6-23　关键词

德国的制造业是世界上最具竞争力的产业部门之一。这归功于德国制造业能够管理复杂的工业生产过程，不同任务由位于不同地点的合作伙伴完成。近二三十年来，德国制造业已成功地利用信息通信技术（ICT）实现对工业生产过程的管理——如今，大约 90% 的工业生产过程已应用 ICT 技术。在过去 30 年甚至更早以前，IT 革命使我们生活和工作的世界发生了彻底改变，其影响力可媲美分别成就前两次工业革命的机械和电力。

随着个人计算机向智能设备演变，一种新的趋势开始显现：越来越多的 IT 基础设施和服务通过智能网络（云计算）来提供。伴随微型化和互联网的持续发展，这一趋势宣告了人们期盼的普适计算已成为现实。

通过无线，越来越多功能强大的、自主的微型计算机（嵌入式系统）实现了与其他微型计算机和互联网的互联。这意味着物理世界和虚拟世界（网络空间）以信息 - 物理系统（CPS）的形式实现了融合。

新的互联网协议 IPv6 于 2012 年推出后，目前已经有足够多的 IP 地址可供智能设备通过互联网实现直接联网。于是，网络资源、信息、物体和人之间能实现物联网及服务互联网。这也将扩展至工业领域：在制造业中，这种技术演化可以描述为“第四阶段的工业化”或“工业 4.0”。

当美国人开始“第三次工业革命”，德国人启动“工业 4.0”战略时，同为制造业大国的中国也宣布，将通过 3 个十年行动纲领，力争在 2045 年左右成为工业强国。

这一重要的信号源自于首次出现在政府工作报告中的“中国制造 2025”概念。这一信号引发国内外媒体的高度关注，最新一期《经济学人》杂志将“中国制造”作为封面主题，关注中国如何打造自己的“工业 4.0”蓝图。

“中国制造 2025”将是中国工业未来 10 年的发展纲领、顶层设计。政府的诸多行动向市场传递出强烈信号，显示工业转型将迎来大突破、大提速。工信部表示，计划大体分三步、用 3 个十年左右时间实现制造业大国向制造业强国的转变；“中国制造 2025”是“三步走”的第一步，将指导中国进入全球制造业的第二方阵。

“中国制造 2025”这一概念自从 2014 年 12 月被首次提出以来，受到了越来越多的关注。国务院总理李克强在中国发展高层论坛上表示：“中国制造 2025”围绕创新驱动、智能转型、绿色发展，将在国际合作中进一步提升中国制造业水平。欢迎各国企业积极参与，利用国际产能合作等机会共同开发第三方市场。希望有关国家放宽对华高技术出口限制，倡导贸易自由化和投资便利化，共同反对保护主义。中外加强经济技术合作有利于双方，也有利于世界。

工业 4.0 驱动新一轮工业革命，核心特征是互联。更值得注意的是，工业 4.0 是“互联网 +”的重要一部分，互联网技术降低了产销之间的信息不对称，加速两者之间的相互联系和反馈，因此，催生出消费者驱动的商业模式，而工业 4.0 是实现这一模式关键环节。工业 4.0 代表了“互联网 + 制造业”的智能生产，孕育大量的新型商业模式，真正能够实现“C2B2C”的商业模式。

根据世界经济论坛的工业互联网的调查报告，超过 74% 的受访企业认为工业 4.0 对最优化配置资产、减少运营成本、提高员工生产率、创造新利润等“非常或极其重要”。GE 估计，如果工业 4.0 可以把美国的劳动生产率增速提升到 1995 年 IT 革命时期的水平，那么到 2030 年，与不采用工业 4.0 技术相比，全球 GDP 将多增加 15 万亿美元，亚太地区多增加约 4.2 万亿美元。

6.4.2 “工业 4.0”发展现状

1. 中国制造 2025 发展现状

中国制造 2025 在中国的发展现状，以家电为例。“工业 4.0”由德国在 2013 年推出，并上升到国家战略。它以智能制造为主导，分为“智能工厂”和“智能生产”两大主题，通过互联网等通信网络将工厂内外的事物和服务连接起来，目标是建立一个高度灵活的个性化和数字化的产品与服务的生产模式。和德国一样，美国也同步踏上了“工业互联网”征程。它将工业系统与互联网连接融合，力图构建全球工业格局。在愈加激烈的全球竞争下，中国家电制造业走进“工业 4.0”时代，部署互联网和行业服务势在必行。事实上，中国家电企业已经扎堆互联网。3 月 17 日，美的“联姻”阿里巴巴，运用阿里云技术的美的物联空调正式亮相。与此同时，海尔发布了全球首个智慧生活操作系统，用户只需 12 秒就可实现与所有智能家居终端的互联互通……在家电龙头企业的引领下，一头扎进互联网的家电企业还会越来越多。

（1）中国制造 2025 政策环境分析

《中国制造 2025》是中国政府实施制造强国战略第一个十年的行动纲领，于 2015 年 5 月发布，是中国工业未来 10 年的发展纲领、顶层设计。

《中国制造 2025》提出通过“三步走”实现制造强国的战略目标：第一步，到 2025 年迈入制造强国行列；第二步，到 2035 年我国制造业整体达到世界制造强国阵营中等水平；第三步，到新中国成立一百年时，制造业大国地位更加巩固，综合实力进入世界制造强国前列。围绕实现制造强国的战略目标，《中国制造 2025》明确了 9 项战略任务和重点：一是提高国家制造业创新能力；二是推进信息化与工业化深度融合；三是强化工业基础能力；四是加强质量品牌建设；五是全面推行绿色制造；六是大力推动重点领域突破发展，聚焦新一代信息技术产业、高档数控机床和机器人、航空航天装备、海洋工程装备及高技术船舶、先进轨道交通装备、节能与新能源汽车、电力装备、农机装备、新材料、生物医药及高性能医疗器械等十大重点领域；七是深入推进制造业结构调整；八是积极发展服务型制造和生产性服务业；九是提高制造业国际化发展水平。

中国制造 2025 与德国工业 4.0 异曲同工，是布局工业互联网的纲领性文件。不过二者也有适当差别，德国工业 4.0 是瞄准新一轮科技革命制定的措施，主要聚焦制造业的高端产业和高端环节。中国制造 2025 不是专门应对新一轮科技革命制定的规划，而是对制造业转型升级的整体谋划。

（2）中国制造的现状及发展分析

2016 年的中国是全球最具竞争力的制造业国家，中国当前的制造业规模非常大，早在 2010 年就超越美国成为了全球第一。按照联合国统计，在 500 多个产品中，220 个产品中国的规模全球第一。从制造业的技术创新来看，中国近几年进步很快。不过，2015 年中国经济增长率为 6.9%，经济放缓可能会进一步持续。由于需求下降引起工业活动不断下滑，进而导致工厂产能过剩。中国汽车行业目前产能利用率从 2009 年的 100% 下降至 70%，制造业占 GDP 的比重也在逐年递减，其中大部分转向了服务业。很显然中国制造业转型升级的任务非常繁重，主要的问题仍然是结构性问题：有效需求不足，使得产能过剩问题凸显；有效供给不能完全适应消费结构升级的需要，应该提高供给侧对消费结构升级的适应性和灵活性。

中国要顺应“互联网 +”的发展趋势，以信息化与工业化深度融合为主线，重点发展新一代信息技术、高档数控机床和机器人、航空航天装备、海洋工程装备及高技术船舶、先进轨道交通装备、节能与新能源汽车、电力装备、新材料、生物医药及高性能医疗器械、农业机械装备 10 大领域。这些领域需要投入大量的创新研发资金，需要军工企业、大型国企、高校科研机构的通力合作。同时，中国的中小企业是中国制造业最有潜力的组成部分，它的数量占到了所有企业的 99%，创造了中国 60% 的 GDP。中国中小企业的研发创造远远超过大型企业，中国 65% 的专利，75% 的发明专利及 80% 的新产品来自于中小企业。中国制造的未来不仅要依靠大型企业，更需要中小企业的创新和活力。

2. 全球工业 4.0 发展现状

（1）德国

2013 年汉诺威工业博览会上，“工业 4.0”的理念和计划由德国政府正式发布，描绘了制造业的未来愿景。目前，“工业 4.0”计划已经从“德国高技术 2020 战略行动计划”获得 2 亿欧元投资，启动了包括“信息物理生产系统”

（CPPS）在内的若干项目。此外，德国教育与研究部（BMDF）建立的“信息通信技术（ICT）2020——创新研究”计划以及德国科学研究联盟（FU）经济与社会促进组（原通信促进组）发起的“智能服务——基于网络的商业服务”也都在“德国高技术 2020 战略”框架下开展，并且与“工业 4.0”紧密相关，其中前者属于“数字德国 2015”ICT 战略，后者则成为 十大“未来计划”之一，2015 年 3 月提出了终版的战略建议报告。

（2）美国

美国提出的“工业互联网”，旨在将人、数据与智能设备相衔接，以交换数据来驱动制造业智能转型。相比德国，美国积极推进的“新工业战略”更加注重“软”的方面，例如大数据、软件、互联网等对于传统工业的再工业化。在美国，工业 4.0 就是将虚拟网络与实体连接，通过大数据分析等来重塑制造业，形成效率更高生产系统。美国的工业互联网范畴更广阔，它试图将人、数据和机器连接起来，形成开放而全球化的工业网络。目前，美国国内 80 多家 ICT 和互联网巨头公司如 GE、IBM、思科等企业成立了 IIC（工业互联网联盟），以期打破技术壁垒，通过大数据来实现制造业的创新。美国凭借其在工业 3.0 的领先优势以及互联网和 ICT 先进巨头公司的影响力正推动着全球工业 4.0 的发展。

3. 日本

在面对德国率先开启了“智能制造”这一通向未来新工业革命的大门时，日本的安倍政府也开始采取行动，制定和规划了日本“工业 4.0”的发展方向。2015 年版的《日本制造业白皮书》正是日本力求赢得“全球产业价值链主导权”的关键举措。在政界，日本经济产业省把 3D 打印机列为优先政策扶持对象，投资 45 亿日元，实施名为“以 3D 造型技术为核心的产品制造革命”的大规模研究开发项目；在业界，三菱电机、富士通、日产汽车和松下等日本电子、信息、机械和汽车行业的主要企业等组建名为“产业价值链主导权”的联盟，共同探讨工厂互联的技术标准化，并争取使其成为国际标准。

6.4.3 未来制造业的发展趋势

1. 中国制造 2025 发展趋势

在谈论中国制造 2025 发展趋势时，我们着重在工业自动化、工业互联网、工业机器人、3D 打印、智能机床几个方面进行阐述。

（1）工业自动化

作为“工业 4.0”基础的工业自动化，在“工业 4.0”战略中有着不可取代的作用。随着社会的不断进步和发展，工业自动化已成为现代先进工业科学的核心技术，不断地研究和探讨我国工业自动化的发展和战略方向，对我国工业化的发展有着极其深远的影响。工业控制自动化技术对于传统产业的改造、企业素质的提高和国家国力的提升是非常有效的途径。随着一系列工业自动化控制技术产业化专项的实施，基于信息化带来工业化的思想，将会使工业自动化技术得到更深入的发展，这对加快推动我国自动化产业结构优化升级有重大意义。

（2）工业互联网

工业互联网就是工业革命带来的机器、设施和系统网络与互联网革命带来的智能设备、智能网络和智能决策间的融合，其要素是智能设备、智能网络和智能决策，更强调传感器系统、大数据分析能力。今后制造环节互联网的实现将会给现有的生产方式带来颠覆性的变化。据国际权威机构测算，应用工业互联网后，企业的效率会提高大约 20%，成本可以下降 20%，节能减排可以下降 10% 左右。虽然目前工业互联网全面实现有困难，但是某些环节的突破是可以实现的，并且工业互联网将进一步带动智能装备、3D 打印设备等发展。

（3）工业机器人

随着中国制造 2015 战略的提出，智能化生产中工业机器人也受到越来越多的关注。从政策落实看，在“十二五”规划中，国家已经把工业机器人作为智能制造装备的重要部分，各地也陆续出台相关政策。机器人产业的发展与国家从“制造业大国”向“制造业强国”的转型相契合。

（4）3D 打印

“工业 4.0”四大主题之一的智能生产主要涉及整个企业的生产物流管理、人机互动以及 3D 技术在工业生产过程中的应用等。3D 打印增材制造技术本身对设计 - 制造 - 应用环节将发生变革性影响。在传统制造业中，过去数十年的技术重心侧重于加工精度与效率，而目前加工技术在精度上已接近极限，继续提高的必要性和性价比开始进入瓶颈，下一步升级的重点必然是设计、成型环节，以最终达到“工业 4.0”的智能化生产状态。

（5）传感器

传感器是“工业 4.0”时代的核心组件，传感器通过将物理信息转换为标准信号，反馈到 CPS 网络物理系统，是未来“工业 4.0”时代的核心基础技术。工业用传感器能够测量或感知特定物体的状态和变化，并转化为可传输、可处理、可存储的电子信号或其他形式信息。工业用传感器是实现工业自动检测和自动控制的首要环节，在现代工业生产尤其是自动化生产过程中，要用各种传感器来监视和控制生产过程中的各个参数，使设备工作在正常状态或最佳状态，并使产品达到最好的质量。甚至可以说，没有众多质优价廉的工业传感器，就没有现代化工业的生产体系，更别谈“工业 4.0”体系的构建。

（6）智能机床

机床被称为“工业母机”，其发展程度决定着一个国家装备制造行业的整体水平，尤其在“中国制造”迈向“中国智造”和“中国创造”的当下，国内机床行业能否率先实现重大突破意义更加重大。

2. 德国：产学研升至国家战略

“工业 4.0”研究项目由德国联邦教研部与联邦经济技术部联手资助，在德国工程院、弗劳恩霍夫协会、西门子公司等德国学术界和产业界的建议和推动下形成，已上升为国家级战略。

德国联邦教研部与联邦经济技术部于 2013 年将其纳入《高技术战略 2020》的十大未来项目中，计划投入 2 亿欧元资金，支持工业领域新一代革命性技术的研发与创新。企业界西门子、SAP 等企业积极跟进，德国在工业 4.0 的理念思考和创新实践方面已经走在了世界前列。

3. 美国：政府推动，实施再工业化

在美国，“工业 4.0”的概念更多的被工业互联网所取代，尽管称法不同，但它们的基本理念一致，就是将虚拟网络与实体连接，形成更具有效率的生产系统。

金融危机后，美国政府将发展先进制造业上升为国家战略，希望以新的革命性生产方式重塑制造业。2009 年 12 月出台《重振美国制造业框架》，详细分析了重振制造业的理论基础及优势，成为美国发展制造业的战略指引；2011 年 6 月和 2012 年 2 月，先后启动“先进制造伙伴计划”和“先进制造业国家战略计划”，以加快抢占 21 世纪先进制造业制高点；2013 年 1 月，美国总统执行办公室、国家科学技术委员会和高端制造业国家项目办公室联合发布了《国家制造业创新网络初步设计》，投资 10 亿美元组建美国制造业创新网络 (NNMI)，集中力量推动数字化制造、新能源以及新材料应用等先进制造业的创新发展，打造一批具有先进制造业能力的创新集群。

4. 日本：人工智能是突破口

日本工业 4.0 的一大特色是对人工智能产业的探索，以解决劳动力断层并支持未来的工业智能化，而其首先应用的领域就是工业化生产线。以日本汽车巨头之一本田公司为例，其通过采取机器人、无人搬运机、无人工厂等先进技术和产品，加之采用新技术减少喷漆次数、减少热处理工序等措施把生产线缩短了 40%，并通过改变车身结构设计把焊接生产线由 18 道工序减少为 9 道，建成了世界最短的高端车型生产线。日本政府近期加大了对 3D 打印机等尖端技术的财政投入。2014 年，日本经济产业省继续把 3D 打印机列为优先政策扶持对象，计划当年投资 45 亿日元，实施名为“以 3D 造型技术为核心的产品制造革命”的大规模研究开发项目，开发世界最高水平的金属粉末造型用 3D 打印机。

6.4.4　工业 4.0 时代“智”能制造模式

2014 年 3 月 5 日，李克强总理在政府工作报告中指出，制造业是我们的优势产业。要实施“中国制造 2025”，坚持创新驱动、智能转型、强化基础、绿色发展，加快从制造大国转向制造强国，促进工业化和信息化深度融合，开发利用网络化、数字化、智能化等技术，着力在一些关键领域抢占先机、取得突破。

2014 年以来，制造业领域的全球化竞争正变得愈加激烈，IT 技术的不断发展，为制造业带来了新的思路，大数据、物联网、3D 打印、工业互联网等新技术的发展，正帮助企业由传统制造向智能制造转型，这也宣告着第四次工业革命——工业 4.0 时代的正式到来。

1. 智能家居：工业 4.0 第一步

工业 4.0 是以智能制造为主导的第四次工业革命，就客户、消费者而言，它又是一个强调个性和定制化的时代。

美的与小米的“联姻”，便是为创造更加智慧的生活作出的一次尝试。

2014 年闹得沸沸扬扬的一场口水战，莫过于董明珠与雷军的 10 亿元对赌。而这一切的导火索则是美的与小米的牵手。2013 年年底，美的集团郑重对外宣布其智慧家居战略，核心是实现家电产品的互联互通。

美的、小米这两家公司，甚至还为将要开发的产品勾画了美丽蓝图：用小米手机作为中心，小米路由器作为连接，小米电视作为客厅终端，实现家庭互联互通。可以预见，在不久的将来，使用美的和小米家电的用户，只要有小米手机就可以智能操控家电。

用恰逢其时来形容小米丝毫不为过。由于其互联网属性的企业特征，雷军和他的小米始终处于媒体的聚光灯下。雷军表示，有信心把小米模式复制到100家公司里面。

从2013年开始，美的已在所有变频空调新品中应用物联网智能技术，让空调变成联网的智能终端设备，计划三年时间将50%以上的空调物联网化。这也为阿里巴巴等众多互联网企业提供了巨大的施展空间。

美的集团家用空调事业部总裁吴文新表示，美的与阿里巴巴将共同构建基于阿里云的物联网开放平台，实现家电产品的连接对话和远程控制。未来，美的全系列产品都将接入这一平台，变成“Aliyun Connected”。阿里云将提供计算、存储和网络连接能力，并帮助美的实现大数据的商业化应用。

阿里巴巴一位工程师解释，用户对手机发出语音指令，通过手机网络传输到阿里云上的智能控制中心，经过计算分析处理，又通过光纤和WiFi网络发送到空调的智能芯片中，空调就按照指令行动了。同时，空调也在记录着开关机、用电量、温湿度，将来甚至包括PM2.5等数据，回传到阿里云上的智能控制中心，随时向消费者“汇报”。

2015年5月20日，美的集团发布公告，美的向小米定增项目获证监会审核通过。此前，美的与小米合作推出的“i青春”系列产品已经在天猫公开发售，该产品可实现美的空调与小米手环智能交互。美的集团董事长方洪波强调，在“互联网+”背景下，美的希望利用移动互联的思维和技术，改造商业模式，实现整个价值链上下游的连接。

面对前所未有的机遇，任何一位精明的企业家都不含糊，董明珠也不例外。

事实上，格力也看到了“工业4.0”这步棋。如今“格力开创太阳能动力”的广告词人尽皆知。格力早就与电商巨头阿里巴巴有业务来往，而且格力在新能源太阳能开发上斩获颇丰。

2. 传统制造企业转型潮

继跨界童装、地产、白酒之后，娃哈哈打起了新算盘：涉足目前最热门行业之一——机器人。2013年年底，娃哈哈与航天科工三院就已达成合作意向，包括技术合作和产业合作，但娃哈哈方面认为技术合作范围太窄，希望进行产业化合作。

2014年6月，娃哈哈研发中心主任楼向明等人专门访问机械科学研究总院，双方就促进在特大型机器人、智能制造等领域的合作深入交流。楼向明表示，一是出于对饮料食品的质量控制，生产设备的自主研发制造有利于保障产品质量；二是工业机器人能够代表机电行业的发展方向，是现代工业发展的基础，因此被列为集团多种经营的重要领域。

与此同时，国内传统企业向机器人产业转型，也成为一些制造业强省经济转型的重要抓手。

2013 年，佛山顺德成为国家首个“装备工业两化深度融合暨智能制造试点”，同时还与广东省经信委合作建立“精密智能装备制造产业基地”，智能化、数字化也成为顺德装备行业发展的新方向。

数据显示，自 2010 年产值突破千亿元大关之后，顺德制造业发展势头强劲，每年均保持 20% 左右的增速。

3. 中国制造机器人

在“互联网 +”下的新工业革命——工业 4.0 与中国制造 2025 全球年会上，创客全球孵化器 CEO、硅谷创客资本 CEO、华制国际 CEO 赵胜说：“据科学家预测，至 2045 年机器智能将代替人工智能。”可见，在未来 30 年内，在人类生产制造以及日常生活中，均有可能被机器人掌握与统领。那么，具化到工业领域来说，近两年机器人效应已经在工业制造及其管理环节中体现得淋漓尽致。

根据相关机构统计，中国制造的机器人装机量从 2012 年的 3000 台左右激增至 2014 年的 1.5 万台。外企制造的机器人装机量从 2.2 万台增长到 4.1 万台。同时，随着国家政策的刺激及资金投入，中国的机器人公司数量也从 2012 年的 200 家增长至 2014 年的 815 家。可见，无论从制造领域还是应用领域分析，机器人产业的发展已经迈进实质阶段，加之近年来国家在政策倾向上的引导，工业行业对于机器人的应用将从试探、接受阶段逐步升级为广普阶段。

2015 年年初，国务院发布通知，全面清理规范税收等优惠政策，凡违法违规或影响公平竞争的政策，都要纳入清理规范的范围。既要规范税收、非税等收入优惠政策又要规范与企业缴纳税收或非税收入挂钩的财政支出优惠政策。本次各地支持政策的对象主要有两个，一是机器人产业链，二是机器人用户。支持措施上，主要利用资金、税收、土地以及人才等优惠政策促进机器人的制造及应用。

2015 年 6 月，沈阳出台一系列机器人产业扶持政策，设立 200 亿元机器人产业发展基金，广泛吸引各类社会资本，打造世界级机器人产业基地。沈阳市市长潘利国表示："发展机器人产业既是老工业基地经济转型升级的需要，也是壮大新兴产业创造新增长点的重要途径。沈阳市正在组建机器人产业联盟，政府也成立专门机构，出台相关政策，多方支持机器人产业发展。"

2015 年 10 月，秦川机床公告称，公司拟以现金 2000 万元对公司控股子公司陕西秦川格兰德机床有限公司（以下简称"格兰德公司"）进行增资，用于格兰德公司《高速铁路车轴数控成型磨床产业化》和《工业机器人关节减速器磨削装备研发技术改造项目》的建设和补充流动资金。据秦川机床 2015 年上半年年度报告显示，秦川机床的"9 万套工业机器人关节减速器技术改造项目"以及"工业机器人关节减速器生产线"两个项目进度分别为 23.82%、13.66%。秦川机床的付林兴表示，尽管机器人减速器项目难度超乎公司预期，但公司依然在艰苦努力，并且在一定范围内取得了重大突破。

参考文献

[1] 吴昊 . 乔布斯传奇：苹果教父的魔力创新革命与激情商道人生 . 北京：中国经济出版社，2011.

[2] 王咏刚，周虹 . 乔布斯传 . 北京：中国华侨出版社 , 2011.

[3] 莫克，李群 . 比尔 · 盖茨新传奇 . 北京：中国青年出版社 , 2004.

[4] 刘立京 . 阿里巴巴奇人马云：敲开财富之门 . 北京：现代出版社 , 2011.

[5] 吴昊 . QQ 教父马化腾传奇 . 北京 : 中国经济出版社 , 2011.

[6] 汪瑞林 . 搜索百度李彦宏：搜索百度幕后 . 北京 : 经济日报出版社 , 2006.

[7] 东山樵夫 . 百度——如此专注！北京：东方出版社 , 2005.

[8]（美）安东尼 · 汤森 . 智慧城市 . 北京：中信出版社，2014.

[9] 徐静，谭章禄 . 智慧城市：框架与实践 . 北京：电子工业出版社，2014.

[10] 李扬，潘家华 . 智慧城市论坛 NO.1. 北京：社会科学文献出版社，2014.

[11] 葛健等 . 智慧城市的理论与实践 . 北京：经济管理出版社，2014.

[12] 陈丽 . 远程教育 . 北京．高等教育出版社，2011.

[13] 张伟远 . 开放远程教育的现状和趋势：张伟远研究论文集 . 北京：中央广播大学出版社，2002.

[14] 于施洋，王璟璇 . 电子政务顶层设计：信息化条件下的政府业务规划 . 北京：社会科学文献出版社，2014.

[15] 王克照 . 智慧政府之路：大数据、云计算、物联网架构应用 . 北京：清华大学出版社，2014.

[16] 张锐昕 . 电子政府与电子政务 . 北京：中国人民大学出版社，2010.

[17] 秦志光，张凤荔，刘峤 . 计算机病毒原理与防范技术，北京：科学出版社，2012.

[18]（美）莱等著，胡乔林，钟读航译 . 恶意软件分析诀窍与工具箱——对抗“流氓”软件的技术与利器 . 北京：清华大学出版社，2012.

[19] 恒盛杰资讯．黑客攻防从入门到精通．北京：机械工业出版社，2013.

[20]（美）P.W.Singer，Allan Friedman（艾伦弗里德曼）．网络安全：输不起的互联网战争．北京：电子工业出版社，2015.

[21] 海天理财．一本书玩转移动支付．北京：清华大学出版社，2015.

[22] 张波．电子商务安全．北京：机械工业出版社，2015.

[23] 刘鹏．云计算（第三版）．北京：电子工业出版社，2015.

[24] 姚宏宇，田溯宁．云计算：大数据时代的系统工程．北京：电子工业出版社，2013.

[25]（英）迈尔-舍恩伯格，（英）库克耶著，盛杨燕，周涛译．大数据时代．杭州：浙江人民出版社，2013.

[26]（美）伊恩·艾瑞斯 (Ian Ayres). 大数据思维与决策．北京：人民邮电出版社，2014.

[27] 向忠宏．智能家居——下一场巨头的游戏．北京：电子工业出版社，2014.

[28] 陈根．互联网 + 智能家居．北京：机械工业出版社，2015.

[29] 温为才．欧亚优秀工业设计案例透析——从调研、草图到模型的秘密．北京：电子工业出版社，2012.